질문하는 성도, 대답하는 신학자

질문하는 성도, 대답하는 신학자

1쇄찍은날 2018년 10월 18일
3쇄찍은날 2024년 1월 13일
지 은 이 박재은
펴 낸 이 장상태
펴 낸 곳 디다스코
　　　　　　서울시 서초구 서초동 1355-3 서초월드오피스텔 1605호
전　　화 02-6415-6800
팩　　스 02- 523-0640
이 메 일 is6800@naver.com

등　　록 2007년 4월 19일
신 고 번 호 제2007-000076호

ISBN 979-11-89397-03-6 93230

값은 표지에 있습니다.

질문하는 시리즈 2

| 성 도 를 위 한 조 직 신 학 |

질문하는 성도,
대답하는
신학자

박재은 저

디다스코

서 문

신학대학과 신학대학원에서 학부생과 대학원생들에게 조직신학 과목을 가르치고 있습니다. 동시에 저는 교회 새가족 반과 교리성장 반에서 성도들에게 기독교의 기본교리를 가르치고 있습니다. 그러다보니 제가 가르치는 분들의 색깔도 참으로 다양합니다. 학교에서는 신학을 처음 접하는 20대 초반 대학생에서부터 학자의 길을 준비하시는 나이 지긋한 박사과정 대학원생들까지, 교회에서는 일평생 처음 교회에 나오신 새가족부터 수십 년간 신앙생활을 해오신 권사님, 장로님까지 실로 다양한 분들에게 신학과 교리를 가르치고 있는 셈입니다.

이 책은 학교에서나 교회에서나 기독교 기본교리를 가르칠 때마다 주로 받았던 '질문'들을 선별해 신학적으로 명료하게 답변하는 형식을 취합니다. 제가 깨달은 것 중 하나는 신학의 성숙도에 따라 질문의 수준이 약간씩 차이가 있긴 하지만 대부분은 각주제에 맞춰 비슷비슷한 의문점을 갖고 있다는 점입니다. 이 책에 등장하는 질문들은 제가 현장에서 신학과 교리를 가르치면서 직간접적으로 받은 질문들이기 때문에 현장성이 가득 녹아 들어가 있는 질문으로 볼 수 있습니다.

각 질문에 대한 저의 답변은 순수하게 저만의 고유한 답변이라기보다는 개혁신학(改革神學, Reformed Theology)의 전통 위에서 신앙의 선배들이 대답해왔던 것들을 제 시각으로 재정리한 것에 더 가깝습니다. 개혁신학이란 16세기 유럽에서 발흥한 신학 전통으로 다시 한 번 '성경이 말하는 바로 돌아가자'라는 태도와 자세를 가지고 하나님의 뜻과 주권을 겸비하게 인정하는 특징을 가진 신학 전통입니다.

이 책은 크게 7개의 장으로 구성되어 있습니다. 그 이유는 전통적으로 조직신학을 7개의 각론, 즉 성경론(서론), 신론, 인간론, 기독론, 구원론, 교회론, 종말론으로 나누기 때문입니다. 7개의 각론들은 또 다시 7개의 세부 질문과 대답으로 나누어 하나의 교리적 주제에 대해 최대한 종합적으로 설명하려고 노력했습니다. 그러므로 이 책은 총 49개의 주요 교리적 질문들에 대한 답변이라고 볼 수 있습니다.

각 장들의 세부 구성은 '신학이 있는 답변,' '깨달음이 있는 성경 구절,' 그리고 '적용이 있는 묵상' 크게 세 부분으로 나뉩니다. '신학이 있는 답변'은 던져진 질문에 대해 가능하면 선명하고 명료하게 교리적 핵심을 짚는 부분으로 신자라면 반드시 알아야 하는 기본적인 신학 개념들을 소개하고 설명하는 것에 방점을 찍은 부분입니다. '깨달음이 있는 성경 구절'은 앞에서 설명한 신학적 개념들을 관련 성경 구절을 통해 다시 한 번 재확증하여 복된 깨달음의 물꼬를 트는 것에 방점을 찍는 부분입니다. '적용이 있는 묵상'은 특정 질문에 대한 신학적 성경적 고찰을 근거로 개개인의 삶 속에서 특정 교리를 어떻게 적용할 수 있을지에 대한 가늠자를 제공하는 것에 방점을 찍은 부분입니다.

이 책은 지역 교회에서 새가족 반 교육 교재로, 각종 소그룹 모임 교재로, 가정에서는 가정예배 참고도서로, 신학교에서는 조직신학 개론 참고서로 활용될 수 있습니다. 물론 혼자 읽으면서 기독교의 기본교리를 다시금 재정립하는 귀한 기회로 삼아도 좋습니다. 이 책을 읽다 보면 분명히 더 많은 신학적 질문들이 쏟아져 나오게 될 것입니다. 그때는 이 책과 더불어 조직신학 필수 교본들을 상보적으로 읽어 가며 신학의 뿌리를 든든히 하는 기회로 삼으시길 바랍니다. 하지만 그 어떤 책보다 더 중요한 책은 성경입니다. 모든 신학과 교리는 성경 말씀에 비추어 궁극적으로 평가받아야 하기 때문입니다.

이 책에서 인용된 모든 성경 구절은 개역개정역이며, 성경 이름은 줄여서 표기했고, 인용된 신앙고백서 교리문답의 한글 번역은 모두 다 필자 번역임을 밝힙니다. 핵심적인 신학 단어들은 가능하면 한자와 영어로 혼용 표기해 의미적 용례를 드러내길 힘썼습니다.

이 책을 통해 아리송했던 신학적 개념들이 더 선명해지길 바라며, '여호와를 힘써 아는 것'(호 6:3)의 물꼬가 은혜 가운데 힘차게 터지길 진심으로 갈구합니다. 사실 책 전반에 걸친 일련의 질문들에 대한 대답은 제가 했지만 그 대답들이 제 대답으로 그치지 않고 진리의 영이신 성령 하나님께서 주시는 대답이 되길 바라며, 이 책을 읽으실 독자들 개개인에게 성령의 조명하심이 있기를 간절히 기대하며 사모합니다. 성령의 조명하심이 없는 진리에 대한 탐구는 무의미합니다. 성령의 조명하심을 간절히 기대하며 이 작은 책을 믿음으로 집어 들어야 하는 필연적인 이유가 바로 여기에 있습니다.

"보혜사 곧 아버지께서 내 이름으로 보내실 성령 그가 너희에게 모든 것을 가르치고 내가 너희에게 말한 모든 것을 생각나게 하리라." (요 14:26)

박재은

목 차

1장

—

성경이 궁금해요

하나님은 자신을 어떻게
우리에게 드러내시나요?

하나님은 영원 전부터 홀로 존재하셨던 분이셨습니다. 하나님은 홀로 존재하셨을 때도 외롭거나, 불만족스럽거나, 혹은 무언가가 필요한 분이 아니셨습니다. 하나님은 홀로 계셨던 그 자체로 무한하게 만족스러운 분이셨고, 기쁨과 사랑으로 충만한 분이셨습니다.

하지만 하나님은 영원토록 홀로 계시는 선택을 하지 않으시고 세상과 인간을 창조할 계획을 세우셨습니다. 자기 자신을 세상과 인간에게 드러내시려는 선택을 하신 것입니다. 하나님이 자기 자신을 드러낸다는 개념을 계시(啓示, revelation)라고 합니다. 하나님이 자신이 누구인지 그리고 자신이 어떤 일을 하는 존재인지를 세상과 인간에게 드러내 보이신 것입니다.

하나님은 자기 자신을 두 가지 방식으로 드러내셨습니다. 첫째는 자연(自然, nature) 만물을 통해 드러내셨으며, 둘째는 성경(聖

經, the Holy Bible)을 통해 드러내셨습니다. 웅장한 자연 만물을 바라보면 장엄함과 위대함, 광활함과 아름다움을 느끼게 됩니다. 자연을 통해 그런 감정을 느끼는 이유는 하나님께서 자신의 속성을 자신이 창조한 자연 만물 곳곳에 흩뿌려 놓았기 때문입니다. 그러므로 우리는 자연 만물을 통해서 하나님을 발견할 수 있습니다. 자연 만물을 통한 계시는 남녀노소, 종교를 초월하여 모든 사람이 느낄 수 있다는 점에서 보편적이고 일반적인 계시입니다. 하지만 구원의 계시가 자연을 통해 뚜렷하게 발견되지는 않는다는 차원에서 제한적입니다. 자연 만물을 통한 하나님의 드러내심을 일반계시(一般啓示, general revelation)라고 부릅니다. 일반적으로 누구에게나 보편적으로 하나님의 드러나심이 미치기 때문입니다.

하지만 하나님은 보다 더 선명하고 특별한 방식으로 자신을 드러내셨습니다. 그것이 바로 계시의 또 다른 방식인 특별 계시(特別啓示, special revelation)로서의 성경입니다. 하나님은 성경을 통해 자신의 이름, 자신의 성격과 성품, 자신의 사역, 자신의 구원의 계획, 실행, 완성의 모습을 선명하게 드러내셨습니다. 자연 만물을 통해서는 하나님에 대해 희미하게 발견되던 것들이 성경을 통해서는 더욱 선명하고 정확하게 발견되게끔 우리에게 성경이라는 은혜를 베풀어 주신 것입니다. 그러므로 성경은 하나님을 알아감에 있어 가장 정확하고 건전한 통로입니다.

- 내가 네게 여호와를 의뢰하게 하려 하여 이것을 오늘 특별히 네게 알게 하였노니 내가 모략과 지식의 아름다운 것을 너를 위해 기록하여 네가 진리의 확실한 말씀을 깨닫게 하며 또 너를 보내는 자에게 진리의 말씀으로 회답하게 하려 함이 아니냐. (잠 22:19-21)

혹시 하나님을 알고 싶으신가요? 그렇다면 성경에 집중해야 합니다. 성경을 통해 하나님을 발견하고 누리는 것이 신자로서 가장 복된 것입니다. 성경을 통해, 성경을 쫓아, 성경에 의존하여 하나님을 발견하고 묵상하는 태도를 가리켜 '계시의존사색'(啓示依存思索)이라고 부릅니다. 신자들이 가져야 할 평생의 복된 의무와 권리는 바로 성경을 통해 하나님을 생각하고 성경을 통해 하나님을 발견하는 것입니다. 성경에 계시된 하나님을 발견하는 것이 신자들이 누릴 수 있는 가장 복되고 즐거운 경험입니다.

▶

성경은 인간들이 썼는데
왜 하나님의 말씀인가요?

신학이 있는 답변

성경은 인간이 썼습니다. 성경을 쓴 인간을 '성경 저자'라고 부릅니다. 예를 들면 마태복음은 마태라는 사람이 썼고, 누가복음은 누가라는 사람이 썼습니다. 여기서 당연한 궁금증이 하나 피어오릅니다. 마태라는 이름을 가진 사람이 마태복음을 썼다면 마태복음을 당연히 '마태의 말씀'이라고 불러야지, 왜 '하나님의 말씀'(the Word of God)이라고 부르는가의 문제입니다.

　이는 당연한 궁금증입니다. 이 궁금증에 대한 답은 영감(靈感, inspiration)으로 푸는 것이 가장 신학적으로 건전하고 적실합니다. '영감'이라는 표현은 성경의 저작 방식을 이해하는 데 가장 핵심적인 표현 중 하나입니다. 영감은 문자적으로 성령 하나님의 감화 감동을 뜻합니다. 즉 성령 하나님께서 성경 저자들을 감화 감동하셔서 인간 저자들에 의해 하나님의 뜻이 온전히 기록되도록 성경 기록 기간 내내 성경 저자들을 보존하고 인도하셨다는 의미입니다. 그러므로 성경은 인간들이 썼지만 성령 하나님의 인도와 보호를 통해 궁극적으로는 하나님의 말씀으로 기록될 수 있었습니다.

영감에 대한 견해는 다양합니다. 대표적으로 세 가지 견해를 살펴보도록 하겠습니다. 첫째는 기계적 영감설입니다. 기계적 영감설은 받아쓰기(dictation)식으로 이해하면 편합니다. 인간을 로봇과 같이 기계적으로 치부하여 하나님께서 불러 주시는 그대로 받아 적었다고 보는 것입니다. 둘째는 부분 영감설입니다. 부분 영감설은 성경 전체가 영감된 것이 아니라 우리의 구원과 관련된 핵심 메시지들만 부분적으로 영감되었다고 이해합니다. 셋째는 앞에서 살펴본 기계적 영감설과 부분 영감설의 잘못된 부분을 교정하는 차원에서 유익한 영감설입니다. 이를 유기적 영감설(organic inspiration)이라고 불립니다. 유기적 영감설은 기계적 영감설과는 다르게 인간을 기계적 로봇으로 치부하지 않습니다. 오히려 인간들의 자유로운 기록 활동을 방해함 없이, 저자들의 성격이나 교육 수준, 살아온 문화적 종교적 배경들을 제거하지 않은 채 성령 하나님께서 인간 저자들의 사상, 언어, 문체를 보존하고 인도하셨다고 봅니다. 또한 부분적으로만 영감된 것이 아니라 성경 전체(tota Scriptura)가 성령 하나님과 인간 저자 사이의 유기성에 근

거해 영감되었다고 봅니다. 성경은 인간들이 썼음에도 불구하고
왜 하나님의 말씀인가라는 질문에 대한 가장 건전하고도 적실한
대답은 유기적 영감설의 맥락에서 하는 것이 가장 바르다고 평가
할 수 있습니다.

깨달음이 있는 성경 구절

- 모든 성경은 하나님의 감동으로 된 것으로 교훈과 책망과 바르
  게 함과 의로 교육하기에 유익하니. (딤후 3:16)
- 먼저 알 것은 성경의 모든 예언은 사사로이 풀 것이 아니니 예언
  은 언제든지 사람의 뜻으로 낸 것이 아니요 오직 성령의 감동하
  심을 받은 사람들이 하나님께 받아 말한 것임이라. (벧후 1:20-21)

적용이 있는 묵상

성경은 영감된 하나님의 말씀이므로 '신적 권위'(Divine Authority)
를 가지고 있습니다. 신적 권위는 본성적으로 언제나 최우선 권위
를 가집니다. 그러므로 우리 삶을 인도하고 지탱하는 가장 큰 권
위 역시 성경입니다. 성경이 가는 곳까지 가고, 성경이 멈추는 곳
에서 반드시 멈춰야 하는 이유가 바로 여기에 있습니다.

성경은 오류가 없는 책인가요?

성경의 권위는 현대 사회에서 다각도로 공격받고 있습니다. 사람들은 성경을 하나님의 말씀으로 믿지 않으려고 할 뿐만 아니라 성경이 실제로 많은 오류를 담고 있다고 신랄하게 비판하기도 합니다. 과연 성경은 오류가 없는 책일까요?

이 질문에 대한 답은 크게 두 가지 방향성을 담지한 채 생각해 볼 수 있습니다. 첫째는 성경의 진실성(眞實性, veracity)과 관련된 것이고, 둘째는 성경의 무오성(無誤性, inerrancy)과 관련된 것입니다.

첫째, 성경은 진실합니다. 앞에서 살펴보았듯이 성경은 성령 하나님의 영감으로 쓰인 책입니다. 성경은 하나님을 "거짓이 없으신"(딛 1:2) 분으로 묘사하고 있습니다. 그러므로 거짓이 없는 분이 인간 저자들을 감화 감동해 쓴 성경은 그 자체로 거짓이 없는 책이라고 평가할 수 있습니다. 성경은 성경 자체의 진실성에 대해 다양한 표현으로 증거하고 있습니다. 예를 들면 여호와의 말씀은 "순결"(시 12:6)하며 하나님의 말씀은 다 "순전"(잠 30:5)하다고 말하고 있습니다. 그러므로 순결하고 순전한 하나님의 말씀은 '오류'와 '거짓'이라는 표현과 썩 어울려 보이지 않습니다.

둘째, 성경은 무오합니다. 즉 오류가 없습니다. 성경 자체가 이를 다음과 같이 증거하고 있습니다. "내가 보니 모든 완전한 것이 다 끝이 있어도 주의 계명들은 심히 넓으니이다"(시 119:96). 시편 기자는 주의 계명인 성경이 완전한 것들 중에 가장 완전한 것이라고 성토하고 있습니다. 21세기를 주름잡는 최첨단의 과학적 증명 방법들을 활용하여 성경 속에서 과학적 오류를 찾아낸다 하더라도, 최신식 문화인류학의 발흥으로 성경 속 역사적 사실의 오류가 발견된다 하더라도, 그러한 발견 및 증명들이 성경 무오성의 뿌리 자체를 흔들리게 만들 수 없습니다. 왜냐하면 과학의 발달로 인해 이전의 과학적 증명들은 쉽게 그 가설들이 무너질 수 있으며, 기존의 역사 인류학적 방식들 역시 시대가 바뀜에 따라 그 연구 방법론의 정당성이 달라질 수 있기 때문입니다. 오히려 성경 저자들을 영감하신 하나님의 완전성과 진실성을 믿고 성경의 순결성과 무오성을 신앙으로 고백하는 것이 신자들이 가져야 할 더 바른 자세라고 생각됩니다.

예수 그리스도께서 다시 오신다는 것을 재림이라고 표현합니다. 그리스도께서 재림하실 때 감추어졌던 진리들이 밝히 드러날 것이고, 그때 성경 전체의 진리성과 진실성이 만방에 드러나게 될 것입니다. 그러므로 신자들 모두는 이러한 인식론적 지평이 폭발적으로 넓어지는 날을 고대해야 합니다.

깨달음이 있는 성경 구절

- 진실로 너희에게 이르노니 천지가 없어지기 전에는 율법의 일점 일획도 결코 없어지지 아니하고 다 이루리라. (마 5:18)
- 만일 누구든지 이 두루마리의 예언의 말씀에서 제하여 버리면 하나님이 이 두루마리에 기록된 생명나무와 및 거룩한 성에 참여함을 제하여 버리시리라. (계 22:19)

적용이 있는 묵상

사실 성경의 무오성 교리는 논리적 추론, 과학적 증명, 역사적 증명의 기반 위에 서 있는 것이 아니라 하나님의 존재와 속성을 믿는 '신앙 고백' 위에 서 있습니다. 거짓이 없으신 하나님께서 영감하셔서 쓰인 성경 안에 어떠한 오류도 없다고 믿는 것은 하나님의 진실성을 믿는 신자들이 신앙으로 고백하는 참으로 복 되고 거룩한 고백입니다. 그러므로 신자들은 늘 이런 고백을 담대히 할 수 있는 믿음을 선물로 받기 위해 주께 은혜를 갈구해야 합니다.

구약은 뭐고
신약은 뭔가요?

성경은 자기 백성을 향한 하나님의 약속(約束, promise)입니다. 약속은 언약(言約, covenant)이란 표현과 상호 교차적으로 쓸 수 있습니다. 즉 성경은 우리를 향한 하나님의 약속과 언약이 기록되어 있는 책입니다.

그렇다면 하나님은 성경을 통해 우리에게 무슨 약속을 하시는 것일까요? 그 약속은 바로 '주 예수 그리스도'에 대한 약속입니다. 예수 그리스도가 구원자로서 이 땅에 오셔서 죄인들을 구원할 것이라는 복된 소리, 즉 복음(福音, the Gospel)에 대한 약속입니다.

예수 그리스도가 오실 것이라는 약속은 이미 이 세상이 창조된 이후로, 이스라엘 역사가 시작된 이후로 지속적으로 전해졌습니다. 많은 선지자들이 예수 그리스도가 메시아의 신분으로 장차 오실 것이라고 증거했으며 그 증거들은 성경 도처에 가득 차 있습니다. 특별히 예수 그리스도께서 오시기 전에 기록된 하나님의 약속들을 구약(舊約, the Old Testament)이라고 부릅니다. 문자적으로는 옛 약속이라는 뜻입니다. 구약은 총 39권으로 구성되어 있는데 총 목록은 다음과 같습니다(창세기, 출애굽기, 레위기, 민수기, 신명기, 여호수아, 사사기, 룻기, 사무엘상 하, 열왕기상 하, 역대상 하, 에스라, 느헤미야, 에스더, 욥기, 시편, 잠언, 전도서, 아가, 이사야, 예레미야, 예레미야애가, 에스겔, 다니엘, 호세아, 요엘, 아모스, 오바댜, 요나, 미가, 나훔, 하박국, 스바냐, 학개, 스가랴, 말라기). 이러한 구약 성경은 히브리어로 기록되어 있으며 크게 율법서, 역사서, 시가서, 선지서 등으로 구분할 수 있습니다.

신약(新約, the New Testament)은 구약에서부터 줄기차게 예언된 예수 그리스도께서 이 땅에 오신 이후로 기록된 하나님의 언약 말씀입니다. 신약은 문자적 의미 그대로 새 약속이라는 뜻입니다. 신약은 헬라어로 기록되어 있는데 총 27권으로 구성되어 있으며 총 목록은 다음과 같습니다(마태복음, 마가복음, 누가복음, 요한복음, 사도행전, 로마서, 고린도전·후서, 갈라디아서, 에베소서, 빌립보서, 골로새서, 데살로니가전·후서, 디모데전·후서, 디도서, 빌레몬서, 히브리서, 야고보서, 베드로전·후서, 요한일·이·삼서, 유다서, 요한계시록). 신약은 크게 복음서, 역사서, 서신서, 예언서로 구성됩니다.

구약과 신약은 대립되거나 상충적이지 않습니다. 구약과 신약의 관계는 반드시 유기성, 통합성, 통일성의 차원에서 이해해야 합니다. 유기성, 통합성, 통일성의 정점에는 '주 예수 그리스도'가 존재합니다. 구약과 신약은 서로 언어가 다르고, 문화 배경이 다르며, 내용을 담는 형식이 다르고, 강조점이 다릅니다. 그러나 궁극적인 지향점과 그 지향점을 구축하는 핵심 내용은 동일합니다. 그 핵심 내용이 바로 예수 그리스도입니다. 구약의 렌즈를 통해 신약을 보든, 신약의 렌즈를 통해 구약을 보든, 그 정점에 계시의 완성이신 예수 그리스도가 발견되어야 할 당위성이 바로 여기에 있습니다.

깨달음이 있는 성경 구절

• 옛적에 선지자들을 통하여 여러 부분과 여러 모양으로 우리 조상들에게 말씀하신 하나님이 이 모든 날 마지막에는 아들을 통하여 우리에게 말씀하셨으니 이 아들을 만유의 상속자로 세우시고 또 그로 말미암아 모든 세계를 지으셨느니라. (히 1:1-2)

우리는 구약만을 강조하거나 반대로 신약만을 강조해서는 안 됩니다. 구약은 신약으로 증거되어야 하며, 신약은 구약으로 증거되어야 합니다. 이를 성경의 자증성(自證性, self-attesting nature)이라고 합니다. 신구약 서로 간의 증거본문을 충실하게 제시한 관주 성경은 이런 측면에서 신자들의 통일성 있는 성경 읽기에 매우 유용합니다.

성경은
왜 필요한가요?

신학이 있는 답변

한때 유행했던 질문이 있었습니다. '무인도에 갇혔을 때 꼭 필요한 아이템 세 가지는 무엇일까요?' 대부분의 사람들은 칼, 라이터, 구급의약품 등을 선택했습니다. 질문지에는 이 외에도 다양한 물건들이 있었는데 왜 사람들은 칼, 라이터, 구급의약품을 선택했을까요? 그것은 이러한 아이템들이 생명을 보존하는 데 가장 필요한 물품이라고 판단했기 때문입니다. 이를 통해 드러나는 한 가지 진리는 사람들은 본능적으로 자신의 목숨을 보존하는 데 가장 큰 관심이 있다는 것입니다.

성경이 필요한 이유도 이와 마찬가지입니다. 성경은 영생의 삶을 누릴 수 있는 방법을 명료하고 선명하게 가르쳐주고 있는 하나님의 말씀입니다. 성경은 영생의 삶을 누리기 위해서는 반드시 복음이 필요하다고 말하고 있습니다. "예수께서 이르시되 내가 곧 길이요 진리요 생명이니 나로 말미암지 않고는 아버지께로

올 자가 없느니라"(요 14:6). 앞에서 살펴보았듯이 예수 그리스도가 신구약 성경 전체의 핵심 내용입니다. 예수 그리스도를 통하지 않고는, 즉 복음의 말씀이 기록되어 있는 성경 말씀을 통하지 않고서는 그 누구도 하나님 아버지께 갈 자가 없다고 성경은 기록하고 있습니다. 그러므로 영생의 삶을 약속의 유업으로 받기 위해서는 성경에 계시된 예수 그리스도의 복음이 반드시 필요합니다.

영생의 삶을 소유하는 것뿐만 아니라 신자가 어떤 삶을 살아야 하는지에 대한 하나님의 뜻을 발견하기 위해서도 성경은 필수입니다. 예수 그리스도께서는 구약을 인용하시며 다음과 같이 말씀하셨습니다. "기록되었으되 사람이 떡으로만 살 것이 아니요 하나님의 입으로부터 나오는 모든 말씀으로 살 것이라 하였느니라"(마 4:4). 신자들은 육적인 떡으로만 살 수 없습니다. 반드시 영적인 떡인 하나님의 말씀을 주기적으로, 반복적으로, 건전한 방식으로 공급받아야 합니다. 영적인 영양실조에 걸리지 않고 풍성하고 기름진 것으로 영적인 체력을 튼튼히 기를 필요가 있습니다. 이를 위해서 성경 말씀은 취사선택이 아니라 필요충분요건입니다.

깨달음이 있는 성경 구절

• 그러므로 믿음은 들음에서 나며 들음은 그리스도의 말씀으로
  말미암았느니라. (롬 10:17)

• 복 있는 사람은 악인들의 꾀를 따르지 아니하며 죄인들의 길에 서
  지 아니하며 오만한 자들의 자리에 앉지 아니하고 오직 여호와의
  율법을 즐거워하여 그의 율법을 주야로 묵상하는도다. (시 1:1-2)

적용이 있는 묵상

현대 사회는 구원의 의미를 다양하게 왜곡합니다. 나의 감정이 기
쁨을 느끼거나 평안함을 느끼는 것이 곧 구원이라는 식으로 주관
적인 해석을 하거나, 빈부격차가 모두 다 철폐되는 그 순간이 구
원이라는 식으로 사회복음적으로 구원을 재정립하거나, 아니면
인간의 정념이 하나님과 같아진다는 식의 동양철학적으로 구원
을 재조명하는 경향이 짙습니다. 그러나 구원은 예수 그리스도를
믿음으로 받는 은혜입니다(요 14:6). 이러한 복된 소식은 성경에
계시된 하나님의 말씀을 듣고, 믿어, 그 믿음대로 살아갈 때 비로
소 향유할 수 있습니다.

성경만으로
충분한가요?

현대를 사는 사람들은 성경이 모든 시시콜콜한 것들에 대해 구체적으로 이야기해주고 있지 않으므로 성경은 현대적 이슈들에 대해 충분한 대답을 줄 수 없는 책이라고 생각하곤 합니다. 구원의 가르침을 성경 밖에서도 충분히 찾을 수 있다는 생각 역시 현대 사회에 팽배합니다. 이는 성경의 '충분성'에 대한 공격으로, 성경 외에 또 다른 무엇인가가 더 필요하다는 논리적 흐름으로 귀결됩니다. 예를 들면 현대 사회 속에서 벌어지는 다양한 문제들 즉 환경 호르몬, 핵전쟁, 직장 이직, 인구 절벽, 인공지능, 트랜스젠더, 신재생 에너지 등에 대해 성경은 아무런 대답을 주고 있지 않다고 보는 것입니다. 그러나 과연 그럴까요?

성경의 충분성에 대한 논의는 크게 두 가지 측면에서 고찰 가능합니다. 첫째는 주 예수 그리스도의 복음의 내용은 성경만으로도 충분히 이해 가능하다는 측면입니다. 성경은 구원의 작정, 방식, 방법, 길, 핵심 내용 등을 정확하고 충분하게 계시하고 있습니다. 그러므로 구원을 위해서 또 다른 무언가를 찾아보거나 성경 외에 또 다른 무언가를 덧붙일 필요가 전혀 없습니다. 성경은 구원의 방식에 대해 명료하고 충분한 방식으로 다음과 같이 알려 주고 있습니다. "주 예수를 믿으라 그리하면 너와 네 집이 구원을 받으리라"(행 16:31). 그것 외에 또 다른 방법은 필요 없습니다. 예수를 믿으라는 성경의 가르침만으로도 충분합니다.

둘째는 구원 외의 내용에 대해서도 성경은 충분한 가르침을 주고 있다는 것입니다. 물론 성경은 다채로운 현시대의 논의들에 대해 구체적인 지침을 내려주고 있지 않습니다. 왜냐하면 성경은 과거에 쓰인 책이기 때문입니다. 그럼에도 불구하고 성경은 우리에게 현대 논의들을 어떻게 대해야 하는지 성경적 원리(Biblical Principle)를 폭넓게 제시해 줍니다. 예를 들면 "모든 것이 가하나 모든 것이 유익한 것은 아니요 모든 것이 가하나 모든 것이 덕을 세우는 것은 아니니……그런즉 너희가 먹든지 마시든지 무엇을 하든지 다 하나님의 영광을 위하여 하라"(고전 10:23, 31)라는 말씀은 각종 현대 논의들을 어떻게 평가하고 판단해야 할지 성경적 원리를 제시해주고 있다고 볼 수 있습니다.

기록된 하나님의 말씀인 성경은 하나님에 대해, 구원자 예수 그리스도에 대해, 이 세상 속에서 벌어지는 모든 일들에 대해 충분할 정도로 바른 평가 기준과 원리를 제공해주고 있습니다. 이런 측면에서 성경은 충분합니다.

깨달음이 있는 성경 구절

• 또 어려서부터 성경을 알았나니 성경은 능히 너로 하여금 그리스도 예수 안에 있는 믿음으로 말미암아 구원에 이르는 지혜가 있게 하느니라. (딤후 3:15)

적용이 있는 묵상

신자들조차도 기록된 성경 말씀 외에 다른 것들을 갈구하며 살아가는 사람들이 많습니다. 물론 꿈, 환상, 예언 기도, 방언 등과 같은 은사를 통해서 하나님의 뜻을 발견할 수도 있습니다. 하지만 그런 은사들도 언제나 성경의 조명 아래서 판단받아야 합니다. 성경 외에 또 다른 무엇도 성경 계시에 준하는 권위로 세워질 수 없습니다. 또한 기록된 계시인 성경 말씀에 덧붙여 무엇인가를 첨가하는 것도 옳지 않습니다. 신자들은 우리에게 주어진 성경 말씀만으로 만족하는 삶을 살아야 합니다. 성경에 계시된 진리들을 모두 다 온전히 깨닫는 것만 해도 평생에 다 할 수 없는 작업입니다.

▶

어떻게 성경을
읽어야 하나요?

신학이 있는 답변

성경 읽기 세미나는 늘 인기가 있습니다. 인기 강사일수록 독특하고 통찰력 있는 성경 읽기법을 제시하고, 많은 사람들이 그러한 방법을 쫓아 성경 읽기를 즐겨합니다.

독특하고 통찰력 있는 성경 읽기 방법도 일견 중요할 수 있지만, 사실 성경을 읽을 때 가장 필요하고 중요한 것은 다름 아닌 성령 하나님의 조명(照明, illumination)하심입니다. 성령은 "진리의 영"(요 16:13)입니다. 진리의 영이 하시는 일은 그리스도가 하신 일들을 우리에게 "가르치시고 생각나게 하는"(요 14:26) 일입니다. 예수 그리스도의 가르침은 곧 하나님 나라의 복음입니다. 그것이 곧 성경 말씀입니다. 왜냐하면 태초에 말씀(Logos)이 계셨는데 그 말씀이 성자 하나님이셨고 그 말씀이 육신이 되어 이 땅에 내려오셨기 때문입니다(요 1:1, 14). 그러므로 하나님의 말씀인 성경의 내용을 제대로 깨닫기 위해서는 진리의 영이신 성령 하나님의 밝게 비추어 주심, 즉 '조명하심'이 필요합니다.

　다음 장의 주제인 '하나님이 궁금해요' 부분에서도 다루겠지만, 성령 하나님은 성부 하나님의 작정하심(계획하심)과 성자 하나님의 실행하심을 완성하시고 우리 삶 속에서 적용(適用, application)하는 사역을 하십니다. 앞에서 다룬 것처럼 인간인 성경 저자가 쓴 책이 하나님의 말씀인 이유는 성령 하나님의 영감 때문입니다. 성령 하나님께서 영감하셔서 쓰신 책이 성경이기 때문에 성경 내용을 올바로 이해하기 위해서는 성령 하나님의 조명하심과 우리 개인의 삶 속에 적용하심이 반드시 필요합니다.

　성경을 읽고 조용히 묵상하는 시간을 갖는 것을 Q.T.(Quiet Time, 큐티)라고 하는데 이 역시 마찬가지입니다. 성령의 조명하심 없이, 읽은 것을 자기 마음대로 생각한다고 해서 올바른 성경 묵상이 되는 것은 아닙니다. 성경 말씀을 묵상하는 시간이야말로 성령 하나님의 적용 사역이 간절히 필요한 시간입니다. 성령 하나님의 조명 사역과 적용 사역은 성경을 읽고 묵상하는 우리로 하여금 잘못된 길로 가지 않도록 제어하는 가늠자의 역할을 건실히 감당할 수 있습니다.

- 보혜사 곧 아버지께서 내 이름으로 보내실 성령 그가 너희에게 모든 것을 가르치고 내가 너희에게 말한 모든 것을 생각나게 하리라. (요 14:26)
- 그러나 진리의 성령이 오시면 그가 너희를 모든 진리 가운데로 인도하시리니 그가 스스로 말하지 않고 오직 들은 것을 말하며 장래 일을 너희에게 알리시리라. (요 16:13)

적용이 있는 묵상

세상에서 가장 위험한 사람이 성경을 자기 멋대로 읽고 해석하는 사람입니다. 새로운 시각으로 성경을 해석하는 것에 열광하는 대중들도 문제입니다. 새로운 성경 해석이 옳은 것이 아니라, 바른 성경 해석이 옳은 것입니다. 바른 성경 해석은 인간 스스로 할 수 없습니다. 죄 때문에 모든 사람의 눈과 귀가 왜곡되어 버렸기 때문입니다. 그러므로 성경을 읽고 묵상하고 해석할 때 성령 하나님의 조명하심과 적용하심은 필수적입니다. 죄 때문에 가려진 눈을 밝히실 분은 하나님밖에 없기 때문입니다.

2장

—

하나님이 궁금해요

하나님이
진짜 계시나요?

하나님은 눈에 보이는 분도 아니고 만져지는 분도 아닙니다. 왜냐하면 하나님은 영(靈, Spirit)이시기 때문입니다. 성경은 이를 다음과 같이 증거합니다. "하나님은 영이시니 예배하는 자가 영과 진리로 예배할지니라"(요 4:24).

사람들은 눈에 보이지 않는 영이신 하나님이 과연 실제로 존재하시는가에 대해 진지한 의문을 품었습니다. 이러한 의문은 결국 '우리는 하나님의 존재에 대해 알 수 없다'라는 논리, 즉 불가지론(不可知論, agnosticism)으로 귀결되었습니다.

불가지론에 대항하여 많은 사람이 하나님의 존재에 대해 논증하기 시작했습니다. 대표적인 논증이 바로 '목적론적 논증'입니다. 목적론적 논증의 가장 대표적인 예시가 '시계 제작자 논증'입니다. 작은 태엽 시계조차도 그 안을 면밀히 들여다보면 대단히 복잡한 톱니바퀴들로 이루어져 있습니다. 그러므로 이 작은 태엽 시계는 혼자 스스로 생길 수 없습니다. 누군가 대단히 지적인 존재가 시계의 복잡한 구조를 기획하여 만든 것입니다. 즉 시계의 분침과 초침이 움직이는 이유는 시계를 작동해 시간을 알리려는 목적을 가진 자가 만들었다는 논리입니다. 이 세상 만물과 인간도 마찬가지입니다. 이 세상 만물과 인간의 신체는 작은 태엽 시계가 갖고 있는 구조보다 훨씬 더 복잡하고 정교합니다. 작은 시계도 누군가가 만든 것처럼 이 세상과 인간 역시 대단히 뛰어난 지적 존재가 특정 목적을 가지고 만들었다는 논리가 바로 시계 제작자 논증의 귀결점입니다. 이 대단히 뛰어난 지적 존재를 하나님으로 상정하는 것입니다. 즉 복잡다단한 이 세상과 인간이 존재한다는 것은 곧 그것들을 만드신 하나님의 존재를 자증한다는 논리입니다.

하지만 하나님의 존재를 믿는 것은 논리적인 논증에 의한 결과가 아닙니다. 하나님의 존재를 믿는 것은 '신앙' 즉 '믿음'의 영역입니다. 그러므로 기독교가 움직여지는 궁극적인 원동력은 논리적인 논증이 아니라 믿음입니다. 눈에 보이지 않는 하나님의 존재를 믿고 그의 존재에 힘입어 살아가는 신자들의 삶을 '신앙생활'이라고 명명하는 이유가 바로 여기에 있습니다. 앞 장에서 살펴보았듯이 하나님은 자기 자신을 두 가지 방식, 즉 일반계시(자연)와 특별계시(성경)로 드러내셨습니다. 일반계시와 특별계시를 진지하게 묵상하다 보면 은혜 가운데 하나님의 존재가 믿음으로 받아들여질 것입니다.

깨달음이 있는 성경 구절

- 믿음은 바라는 것들의 실상이요 보이지 않는 것들의 증거니 선진들이 이로써 증거를 얻었느니라. (히 11:1-2)
- 믿음이 없이는 하나님을 기쁘시게 하지 못하나니 하나님께 나아가는 자는 반드시 그가 계신 것과 또한 그가 자기를 찾는 자들에게 상 주시는 이심을 믿어야 할지니라. (히 11:6)

적용이 있는 묵상

하나님의 존재를 믿는 것은 내가 전심전력을 다하여 믿으려고 노력한다고 해서 되는 것이 아닙니다. 믿음은 우리에게서 난 것이 아니라 "하나님의 선물"(엡 2:8)이라고 성경은 가르칩니다. 하나님께서 은혜를 주실 때 우리는 하나님의 존재가 믿어지게 될 것입니다. 우리는 믿어지게 될 때까지 일반계시와 특별계시에 의지하여 하나님의 존재와 속성을 계속 묵상해야 할 것입니다.

하나님이 우리와
다른 점은 무엇인가요?

하나님께서는 사람을 창조하셨습니다. 성경은 이를 다음과 같이 표현합니다. "하나님이 자기 형상 곧 하나님의 형상대로 사람을 창조하시되 남자와 여자를 창조하시고"(창 1:27). 이 말씀에서 주목할 부분은 하나님께서 자신의 '형상'(image)대로 사람을 창조하셨다는 표현입니다. 하나님에 의해 피조된 인간은 하나님과 닮은 부분이 있는데 그 이유는 우리들이 하나님의 형상을 따라 창조되었기 때문입니다.

하나님의 형상대로 창조되었다고 해서 우리 인간들이 하나님과 모든 부분에서 동일한 것은 아닙니다. 여전히 창조주 하나님과 피조물인 인간 사이에는 절대로 건널 수 없는 깊고도 넓은 질적인 차이가 존재합니다. 신학에서는 이를 비공유적 속성(incommunicable property)이라고 표현합니다. 하나님만 가지고 있고 인간은 가지고 있지 않다고 해서 비공유적 속성이라고 부릅니다.

비공유적 속성의 대표적 성질은 자존성, 독립성, 불변성, 무한성, 편재성, 영원성 등으로 갈무리할 수 있습니다. 자존성이란 하나님께서 스스로 존재하신다는 성질입니다. 이에 반해 인간은 의존성을 가지고 있습니다. 언제나 타인에게 의존해야만 살아갈 수 있다는 점에서 인간은 비독립적 존재이지만, 하나님은 스스로 무한하게 만족하시며 존재하신다는 측면에서 가장 독립적 존재입니다. 하나님은 조변석개(朝變夕改) 하는 인간과 다르게 변하지 않는 분입니다. 이를 불변성으로 명명합니다. 하나님은 유한한 인간과 본질적으로 다른 분인데 그 이유는 하나님은 무한하신 분이기 때문입니다. 하나님의 무한성이 공간에 적용되면 어디서나 존재하신다는 편재성이 되며, 시간에 적용되면 시간 너머에 초월하시는 영원성으로 귀결됩니다. 유한한 인간은 특정 공간과 시간 안에 머물러 있어야만 하지만, 무한한 하나님은 시공간을 초월하여 자유롭게 활동하실 수 있다는 측면에서 무한성은 비공유적 속성들 중 핵심 요소를 이룹니다.

　비공유적 속성에 대한 논의는 하나님을 하나님으로 인정하고 인간을 인간으로 인정하는 중요한 역할을 감당합니다. 즉 무한하신 창조주 하나님을 그 모습 그대로 인정해 그의 무한하심과 광대하심을 믿음으로 수납하는 것이며, 동시에 무한하신 하나님과 깊고도 넓은 질적 차이를 가지고 있는 인간 자체의 연약함을 인정하는 것입니다. 하나님을 하나님으로 인정하는 것이 신학 함(doing theology)의 핵심입니다.

깨달음이 있는 성경 구절

- 하나님이 모세에게 이르시되 나는 스스로 있는 자이니라. (출 3:14a)
- 주는 한결같으시고 주의 연대는 무궁하리이다. (시 102:27)
- 여호와가 말하노라 나는 천지에 충만하지 아니하냐. (렘 23:24b)
- 영원부터 영원까지 주는 하나님이시니이다. (시 90:2b)

적용이 있는 묵상

현대 사회에는 하나님을 인간의 수준까지 격하시키고, 인간을 하나님의 수준까지 격상시키는 영적인 쿠데타와 같은 행태들이 팽배합니다. 인간이 스스로의 힘에 의해 구원에 이를 수 있다고 자만하며 과학의 발달로 하나님의 능력을 침범하는 현대판 바벨탑 사건들이 도처에서 자행되고 있습니다. 하지만 비공유적 속성에 대한 깊이 있는 묵상은 우리를 교만의 자리에 세우지 않습니다. 오히려 비공유적 속성에 대한 묵상은 하나님과 인간 사이에 존재하는 깊고도 넓은 질적 차이를 인정해 하나님 앞에 겸손히 부복하게 만드는 복되고 거룩한 기회를 제공합니다.

하나님이 우리와
같은 점은 무엇인가요?

앞에서 살펴보았듯이 하나님과 인간 사이에는 비공유적 속성이라는 광대한 질적 차이가 존재합니다. 그럼에도 불구하고 인간은 하나님과 많은 부분 닮아 있습니다. 왜냐하면 인간은 본성적으로 하나님의 형상대로 창조되었기 때문입니다. 하나님과 인간 사이에 닮아 있는 꼴들을 공유적 속성(communicable property)이라고 부릅니다.

공유적 속성을 논할 때 가장 주의해야 할 점은 하나님과 우리 사이에 마치 '똑같은 부분'이 있다고 생각해서는 안 된다는 점입니다. 하나님과 우리 사이에 완전히 똑같은 점은 없습니다. 하나님은 여전히 무한하신 창조주 하나님이시며, 인간은 유한한 피조물에 불과합니다. 그러나 둘 사이에 '유사한 점'은 있습니다. 이러한 유사한 점에 집중하는 것이 바로 공유적 속성에 대한 논의의 핵심입니다.

비공유적 속성의 핵심 요소가 자존성, 독립성, 불변성, 무한성, 편재성, 영원성 등이라면, 공유적 속성의 핵심 요소는 사랑, 선, 거룩, 의, 지식 등으로 볼 수 있습니다. 성경에 기록된 것처럼 "하나님은 사랑"(요일 4:16)이십니다. 우리 인간들도 사랑을 받고, 사랑을 하며 살아가는 존재들입니다. 그런 점에서 하나님과 인간 모두 사랑이라는 속성을 공유하고 있다고 볼 수 있습니다. 하나님은 선하고 신실하신 분입니다. 인간 역시 선하고 신실한 사람들이 존재합니다. 하나님은 거룩 그 자체입니다. 인간도 거룩한 삶을 영위할 수 있는 존재입니다. 하나님은 불의가 없으신 의로움 그 자체입니다. 인간에게도 법치의 테두리 안에서 의로운 삶을 영위할 수 있는 능력이 존재합니다. 하나님은 지혜와 지식이 충만한 분이십니다. 인간 역시 인류 역사 속에 축적된 지식 체계 속에서 삶을 영위해 살아갑니다. 이처럼 하나님과 인간 사이에는 서로 공유하고 있는 성질들이 존재합니다.

하지만 그럼에도 불구하고 공유적 속성의 논의 가운데서 반드시 '질적 차이'를 논해야 합니다. 하나님과 인간 사이에 사랑, 선, 거룩, 의, 지식 등의 속성들이 서로 공유되고는 있지만, 그럼에도 불구하고 하나님의 속성과 인간이 가진 속성 사이에는 절대 건널 수 없는 질적인 차이가 존재합니다. 왜냐하면 공유적 속성 또한 비공유적 속성의 틀 가운데서 작동하기 때문입니다. 즉 하나님의 사랑은 그의 비공유적 속성인 무한성에 근거하여 '무한한 사랑'인 반면, 인간의 사랑은 유한성에 근거하여 '유한한 사랑'입니다. 거룩도 마찬가지입니다. 하나님의 거룩은 '무한한 거룩'이지만, 인간의 거룩은 '유한한 거룩'입니다. 그러므로 공유적 속성 역시 비공유적 속성에 대한 논의처럼 하나님을 하나님으로, 인간을 인간으로 놔두는 역할을 일견 감당합니다.

깨달음이 있는 성경 구절

• 하나님이 자기 형상 곧 하나님의 형상대로 사람을 창조하시되 남자와 여자를 창조하시고. (창 1:27)

적용이 있는 묵상

우리 같이 죄 많은 인간들이 하나님과 일정 부분 같은 속성들을 공유하고 있다는 것 자체가 참으로 큰 은혜입니다. 그러므로 우리의 할 일은 죄로 인해 왜곡된 공유적 속성들을 다시금 회복시키는 일입니다. 이는 예수 그리스도의 보혈의 공로로 성화의 은혜를 누린 자들에게 가능한 것입니다. 예수를 닮아간다는 것은 죄로 왜곡된 공유적 속성들의 본래 의미를 점진적으로 회복하는 것이라는 사실을 깨달아야 합니다.

삼위일체란 무엇인가요?

신학이 있는 답변

하나님을 삼위일체 하나님으로 이해하는 이유는 성경에 계시된 하나님이 삼위일체 하나님이시기 때문입니다. 삼위일체(三位一體, the Trinity)란 표현이 함의하는 바는 하나님께서 성부·성자·성령이라는 '세 위격'으로 존재하시지만, 그럼에도 불구하고 본성상 '하나의 본질' 혹은 '하나의 본체'를 이루고 계신다는 것입니다.

성경은 다각도로 하나님을 삼위일체 하나님으로 표현합니다. '예수 그리스도'께서 세례를 받으실 때 하나님의 '성령'이 비둘기같이 임했고 하늘에서 소리가 들려왔는데 그 소리는 예수 그리스도를 사랑하는 아들이라 부르는 '성부 하나님'의 음성이었습니다. 즉 성부·성자·성령 하나님, 즉 삼위일체의 세 위격들이 동시에 등장한 것입니다. 이처럼 위격으로는 세 위격으로 서로 구별되지만 삼위일체 하나님은 본질적으로는 하나라는 사실을 절대 놓치지 말아야 합니다. 성경은 이를 다음과 같이 표현합니다. "이스라엘아 들으라 우리 하나님 여호와는 오직 유일한 여호와시니"(신 6:4). 여기서 사용된 '오직 유일한'이란 표현은 단 하나의 홀로되신 유일무이한 하나님이란 표현입니다. 위격으로는 서로 구별되지만 그럼에도 불구하고 본질상 성부·성자·성령은 오직 유일한 한 하나님이라는 것이 성경의 지속적인 가르침입니다.

위격(位格)이란 단어는 다소 생소할 수 있는 표현입니다. 한자어인 분 위(位)와 인격 격(格)을 조합해 만든 단어로 성부라는 '분'이 한 '인격'으로 존재하시고, 성자라는 '분'이 한 '인격'으로 존재하시며, 성령이라는 '분'이 한 '인격'으로 존재하신다는 의미로 하나의 신적 본질 내에 구별성과 복수성을 표현하기 위해 사용하는 독특한 신학 표현입니다.

그렇다면 하나님은 왜 삼위일체로 존재하실까요? 삼위일체 하나님은 위격적으로 서로 구별되는 경륜에 의해 서로 다른 역할을 감당하십니다. 성부 하나님은 주로 작정 즉 계획을 세우시는 사역을 하시며, 성자 하나님은 성부 하나님께서 세우신 작정을 실행하는 역할을 하십니다. 성령 하나님께서는 성부께서 작정하신 일을 성자께서 이루시면 그 성자의 사역을 완성시키시고 각 신자들에게 적용하는 사역을 감당하십니다(참조. 벧전 1:2). 이처럼 이 땅에서 벌어지는 모든 일들은 세 위격 한 본질로 계신 삼위일체 하나님의 유기적 사역입니다.

- 예수께서 세례를 받으시고 곧 물에서 올라오실새 하늘이 열리고 하나님의 성령이 비둘기 같이 내려 자기 위에 임하심을 보시더니 하늘로부터 소리가 있어 말씀하시되 이는 내 사랑하는 아들이요 내 기뻐하는 자라 하시니라. (마 3:16-17)
- 주도 한 분이시요 믿음도 하나요 세례도 하나요 하나님도 한 분이시니 곧 만유의 아버지시라 만유 위에 계시고 만유를 통일하시고 만유 가운데 계시도다. (엡 4:5-6)

적용이 있는 묵상

삼위일체 하나님은 논리적 추론과 수학적 탐구로는 온전히 이해될 수 없는 분입니다. 이를 하나님의 불가해성(不可解性, incomprehensibility)이라고 표현합니다. 우리같이 유한한 인간들은 하나님의 본질과 본성을 온전히 이해할 수 없습니다. 그러므로 삼위일체 하나님은 그 본질을 날카롭게 재단하여 해부하는 실험실의 대상이 아니라, 찬양과 경배와 존귀를 무한하게 받으실 예배의 참된 대상입니다. 성경이 말하고 있는 하나님을 겸손히 추적하다 보면 삼위일체로 존재하시는 하나님을 발견할 수 있습니다. 하나님은 삼위일체라는 존재의 형식으로 우리에게 자기 자신을 성경 전반에 걸쳐 부단히 계시하셨기 때문입니다.

하나님은 무엇을
어떻게 계획하셨나요?

신학이 있는 답변

우리 인간들은 늘 무언가에 놀랍니다. 유한한 인간들은 한 치 앞도 바라볼 수 없기 때문입니다. 그래서 뉴스를 보면서 놀라고, 이메일을 읽으며 놀라고, 친구들에게 새로운 소식들을 전해 들으며 놀랍니다. 하지만 하나님은 놀라는 분이 아닙니다. 왜냐하면 이땅에서 벌어지는 모든 일들은 전부 다 하나님께서 영원 전부터 계획하신 일이기 때문입니다. 이를 하나님의 작정(作定, decree)이라고 부릅니다.

하나님의 작정이 미치는 범위는 보편적이며 포괄적이고 전 우주적일 뿐만 아니라 시공간을 초월합니다. 즉 하나님은 눈에 보이는 것들이나 눈에 보이지 않는 것들에 대한 모든 것들을 영원 전부터 다 계획하셨습니다. 그러므로 하나님의 통제 범위 밖에 존재하는 것은 아무것도 없습니다. 문자적으로 '모든 것들'과 '모든 일들'은 전부 다 하나님의 절대 주권 아래 계획되고 통제받습니다.

하나님은 이 모든 것들과 모든 일들에 대한 계획을 영원 전부터 하셨습니다. 그러므로 하나님의 작정을 '영원 작정'이라고도 부릅니다. 하나님께서 영원 전에 하셨던 모든 계획들은 전부 다 시간 속에서 유의미하게 실행됩니다. 이것을 '영원 전 작정 시간 속 실행'(Decree in eternity & its execution in time)이라는 구도로 표현합니다.

하나님의 작정은 하나님의 무한하신 지혜에 근거하기 때문에 실패함이 없습니다. 즉 효과적입니다. 게다가 하나님의 작정은 자기 자신의 무한하신 불변성에 근거하기 때문에 변함이 없습니다.

혹자는 하나님께서 모든 것을 영원 전부터 다 작정하셨으니 하나님 앞에서의 인간은 어떠한 자유의지도 없이 정해진 그대로 수동적으로 움직이는 로봇과 같다고 투덜투덜 불평합니다. 하지만 하나님의 작정은 인간의 자유의지를 말살한 채로 진행되지 않습니다. 오히려 하나님의 작정은 인간들의 유의미한 선택과 자유로운 결정들을 '통하여' 이룩됩니다. 성경은 이를 다음과 같이 표현합니다. "그가 하나님께서 정하신 뜻과 미리 아신 대로 내준 바 되었거늘 너희가 법 없는 자들의 손을 빌려 못 박아 죽였으나"(행 2:23). 예수 그리스도의 십자가상의 죽음은 이미 영원 전부터 작정되었지만 그 십자가형의 실행 및 진행은 인간들의 손에 의해 벌어졌다는 의미가 서려 있는 본문입니다. 이 논리를 신학적으로 표현하면 모든 일들의 가장 궁극적인 1차 원인이 하나님이라면, 인간은 언제나 2차 원인으로서의 역할을 감당한다는 것입니다.

깨달음이 있는 성경 구절

- 옳소이다 이렇게 된 것이 아버지의 뜻이니이다. (마 11:26)
- 모든 일을 그의 뜻의 결정대로 일하시는 이의 계획을 따라 우리가 예정을 입어 그 안에서 기업이 되었으니. (엡 1:11)

적용이 있는 묵상

하나님께서 모든 일을 영원 전부터 작정하셨는데 어떻게 인간의 자유의지가 여전히 보존될 수 있는가는 교회 역사 속에서 오랫동안 논쟁되어 온 핵심 논점입니다. 이 논점에 대한 해답은 논리적 추론으로는 절대 도출될 수 없습니다. 이에 대한 답은 하나님의 본질과 속성을 깊이 묵상할 때야 비로소 도출 가능합니다. 하나님은 무한한 지혜와 능력이 있는 분이기 때문에 언뜻 보면 논리적 모순으로 느껴지는 것들까지도 그의 작정 안에서는 다 가능할 것이라는 믿음으로 이 문제를 푸는 여정을 겸비하게 시작해야 합니다. 사실 그것이 옳습니다.

하나님께서는
무엇을 만드셨나요?

하나님께서 세상을 창조하셨다는 것을 믿는 창조론(創造論, cre-ationism)과 자연적 발생과 변이를 통해 세상 만물이 발전되었다고 믿는 진화론(進化論, evolutionism) 사이의 깊은 감정의 골은 예나 지금이나 변함이 없습니다. 이 논쟁은 사실 논리적 논쟁이라기보다는 본질적으로 신앙 혹은 신념과 관련된 논쟁에 가깝습니다. 그러므로 더욱 더 결판이 안 나는 것인지 모르겠습니다.

성경은 끊임없이 창조론을 지지합니다. "태초에 하나님이 천지를 창조하시니라"(창 1:1). 사실 태초에 하나님께서 천지를 창조하셨다는 고백은 우리의 '신앙고백'입니다. 성경은 이를 다음과 같이 표현합니다. "믿음으로 모든 세계가 하나님의 말씀으로 지어진 줄을 우리가 아나니 보이는 것은 나타난 것으로 말미암아 된 것이 아니니라"(히 11:3). 하나님의 말씀으로 온 세상이 지어졌다는 고백은 과학적 탐구나 논리적 추론의 결과물이 아닙니다. 오히려 히브리서 기자가 선포하듯 말씀 창조에 대한 고백은 '믿음' 으로 가능합니다.

　기독교 창조론의 핵심 특징은 다음과 같습니다. 첫째, 무로부터(ex nihilo) 창조입니다. 즉 하나님께서 기존에 존재했던 물질들을 활용해 세상을 창조하신 것이 아니라 아무것도 없는 상태에서 하나님의 주권적 창조적 능력으로 말씀을 통해 이 세상을 창조하셨다고 보는 것입니다(참조. 롬 4:17). 이를 통해 하나님의 전능성이 드러납니다. 둘째, 창조 사역은 삼위일체 하나님의 사역입니다. 앞에서 살펴보았듯이 창조 사역 역시 삼위일체 사역으로서 성부 하나님께서 작정하시고, 성자 하나님께서 실행하시고, 성령 하나님께서 완성하신 사역입니다. 셋째, 보편적이고 포괄적인 창조입니다. 하나님께서는 단순히 눈에 보이는 것들만 창조하신 것이 아니라 눈에 보이지 않는 것들까지도 창조하셨습니다. 즉 가시적으로나 비가시적으로나 존재하는 모든 것들은 하나님에 의해 보편적일 뿐만 아니라 전포괄적으로 창조된 것입니다.

　하나님께서 이 세상 만물을 창조하신 이유는 하나님께서 직접 만드신 피조물들을 통해 홀로 영광받으시기 위함입니다. 성경은 이를 다음과 같이 표현합니다. "만물이 주에게서 나오고 주로 말미암고 주에게로 돌아감이라 그에게 영광이 세세에 있을지어다"(롬 11:36). 그러므로 하나님으로부터 창조된 모든 피조물은 하나님께만 경배하고 하나님께만 영광을 올려 드려야 합니다.

깨달음이 있는 성경 구절

- 태초에 하나님이 천지를 창조하시니라 땅이 혼돈하고 공허하며 흑암이 깊음 위에 있고 하나님의 영은 수면 위에 운행하시니라. (창 1:1-2)

- 태초에 말씀이 계시니라 이 말씀이 하나님과 함께 계셨으니 이 말씀은 곧 하나님이시니라 그가 태초에 하나님과 함께 계셨고 만물이 그로 말미암아 지은 바 되었으니 지은 것이 하나도 그가 없이는 된 것이 없느니라. (요 1:1-3)

적용이 있는 묵상

웨스트민스터 소요리문답의 제1문답은 다음과 같습니다. "사람의 제일 되는 목적은 무엇인가? 사람의 제일 되는 목적은 하나님을 영화롭게 하는 것과 영원토록 그를 즐거워하는 것이다." 그 이유는 왜일까요? 하나님은 창조주시며, 인간은 피조물이기 때문입니다. 피조물이 창조주의 창조 목적에 맞게 살아가 창조주를 기쁘게 만드는 것이 창조 목적을 성취함에 있어 가장 핵심입니다. 그것이 피조물들에게 있어서도 가장 기쁜 일입니다.

하나님은 지금도
여전히 일하시나요?

신학이 있는 답변

하나님은 이 세상 만물을 창조하신 후 할 일이 없어서 빈둥빈둥 놀고 계신 분이 아닙니다. 마치 나쁜 남자 스타일처럼 이 세상 만물을 일단 창조해놓고 자기가 창조한 피조물들을 무심하게 그냥 내버려두는 분도 아닙니다. 이러한 신관을 이신론(理神論, deism) 이라고 부릅니다. 우주 만물을 창조하시긴 했지만 창조 후 직접적으로 피조 세계에 관여하지 않고 그냥 자연 법칙에 따라 만물이 흘러가도록 내버려두는 하나님이 바로 이신론적 하나님입니다.

하지만 성경은 이신론과는 다른 하나님을 소개합니다. 성경에 계시된 하나님은 자신이 만든 피조 세계에 적극적으로 관여하시며 세상 만물과 깊이 있게 관계를 맺길 원하시는 분입니다. 이를 신학에서는 섭리(攝理, providence)라고 합니다. 피조 세계를 향한 하나님의 섭리는 크게 세 가지 정도로 이루어집니다.

첫째는 보존(保存, preservation)입니다. 하나님께서는 각종 자연 법칙들을 통해 이 세상 만물을 자신의 주권 아래 꼭 붙잡고 계십니다. 이 세상 만물이 멸망하지 않는 이유도, 이 세상 만물이 여전히 질서 있게 움직이며 삶을 영위하는 이유도, 하나님께서 보존의 은혜를 시시각각 자신의 피조 세계에 내려주시기 때문입니다.

둘째는 통치(統治, governance)입니다. 하나님께서는 자신의 주권적인 능력으로 온 세상 만물을 통치하십니다. 하나님은 온 세상 만물의 주인이요 왕이십니다. 그러므로 왕이신 하나님은 이 세상 만물이 돌아가는 꼴을 굽어 살피시고 피조 세계 구석구석을 능력으로 통제하시고 다스리십니다. 왕이신 하나님의 주권 밖에서 일어나는 일이란 없습니다. 모든 것은 하나님의 주권적 통치 아래 있습니다.

셋째는 협력(協力, concurrence)입니다. 하나님은 절대군주 혹은 독재자처럼 이 세상 만물을 보존하고 통치하지 않습니다. 하나님은 인간의 자유의지를 선용하시고 이 세상 만물의 자연 법칙을 보존해 함께 일해 나가십니다. 하나님은 홀로 일하지 않습니다. 하나님은 인간들을 '통해서' 역사하십니다.

하나님은 여전히 보존, 통치, 협력 사역을 하시면서 자신이 만든 피조 세계와 밀접한 관계를 맺고 계십니다. 하나님과 피조물 사이의 관계를 잇는 중요한 개념이 바로 언약(言約, covenant)입니다. 하나님은 피조물과 언약을 맺으시며 자신의 일을 해나가십니다. 이 언약은 신실하며 불변하기 때문에 하나님의 섭리 안에 있는 우리는 늘 안정감을 느끼며 참된 위로를 받게 됩니다.

깨달음이 있는 성경 구절

- 예수께서 그들에게 이르시되 내 아버지께서 이제까지 일하시니 나도 일한다 하시매. (요 5:17)
- 우리가 알거니와 하나님을 사랑하는 자 곧 그의 뜻대로 부르심을 입은 자들에게는 모든 것이 합력하여 선을 이루느니라. (롬 8:28)

적용이 있는 묵상

신자들은 늘 하나님의 섭리를 깊이 묵상하며 살아야 합니다. 신자의 삶 속에 무슨 안 좋은 일이 벌어진다 하더라도 그 일은 하나님의 영원 전 작정과 섭리 가운데 있는 일이며, 그러한 겸비한 고백은 우리의 삶의 태도를 원망과 불안으로 몰고 가지 않고 기쁨과 감사로 발돋움할 수 있게 도와줍니다. 하나님은 모든 일을 섭리하십니다. 이 짧은 말만큼 우리에게 큰 위로를 주는 말은 없습니다.

3장

|

인간이 궁금해요

인간은 어떻게
만들어졌나요?

세상과 인간의 처음 시작점을 논하는 학문을 기원론(起源論)이라
부릅니다. 앞 장에서 살펴보았듯 이 세상 만물은 하나님께서 창조
하셨습니다. 창조 방식은 '말씀'이었습니다. 성경은 이를 다음과
같이 표현합니다. "하나님이 이르시되 빛이 있으라 하시니 빛이
있었고"(창 1:3). 하나님께서 '있으라' 혹은 '내어라'라는 말씀으
로 명령하시면 그 말씀 그대로 세상 만물이 창조되었습니다.

하지만 하나님은 세상 만물과는 다른 방식으로 인간을 창조하
셨습니다. '사람아 있으라'라고 명하지 않으셨고 오히려 직접 흙
으로 빚어 사람을 창조하셨습니다. 흙으로 사람을 빚으신 후 사람
의 코에 생기를 불어 넣으셨습니다. 하나님의 생기는 흙으로 빚어
진 사람의 형체를 생령(生靈, a living being)으로 만들었으며 이윽고
하나님과 대화하며, 교제하며, 하나님을 예배할 수 있는 사람이
창조되었습니다(참조. 창 2:7).

이러한 성경의 가르침과 다르게 인간의 기원을 논하는 관점들도 많습니다. 대부분 철학적 논의 위에서 인간의 기원을 논합니다. 예를 들면 유출설(流出說, emanationism) 같은 관점이 대표적인데, 유출설이란 이 세상의 모든 만물이 최고의 존재인 일자(一者, the One)로부터 흘러나왔다고 보는 관점입니다. 최고의 존재인 일자로부터 가장 가까운 곳에 위치한 존재는 일자로부터 가장 많은 것을 유출 받았기에 가장 우월한 존재이며, 일자로부터 가장 멀리 떨어진 존재는 일자로부터 흘러나오는 것을 가장 덜 공유하기 때문에 가장 열등한 존재입니다. 그러므로 이러한 유출설의 입장에서의 모든 세상 만물은 철저히 계급구도 가운데 위치합니다.

하지만 성경은 세상 만물을 특정 계급으로 나누지 않습니다. 왜냐하면 성경은 자신이 만드신 피조 세계를 바라보는 하나님의 시각을 다음과 같이 묘사하기 때문입니다. "하나님이 보시기에 좋았더라"(창 1:10, 12, 18, 21, 25). 세상 만물을 바라보시며 좋았던 하나님께서 자신이 만드신 인간을 바라보며 더욱 더 기쁘게 미소 짓는 모습에 우리는 주목해야 합니다. "하나님이 지으신 그 모든 것을 보시니 보시기에 심히 좋았더라"(창 1:31). 인간을 창조하신 후 하나님께서는 '심히' 좋아하셨습니다. 그만큼 우리 인간들은 하나님 앞에서 참으로 가치 있고 소중한 존재들입니다.

- 여호와 하나님이 땅의 흙으로 사람을 지으시고 생기를 그 코에 불어넣으시니 사람이 생령이 되니라. (창 2:7)
- 하나님이 자기 형상 곧 하나님의 형상대로 사람을 창조하시되 남자와 여자를 창조하시고. (창 1:27)

적용이 있는 묵상

신자들은 자존감이 낮을 수 없습니다. 하나님께서 특별한 방식, 즉 직접 흙으로 빚어 코에 생기를 불어 넣어주시는 방식으로 우리들을 창조하셨기 때문입니다. 그러므로 우리 인간은 그 어떤 만물보다 가치 있고 소중한 존재입니다. 자존감이 높은 것과 교만한 것은 서로 다른 개념입니다. 자존감은 하나님 앞에서 나의 소중함을 겸비하게 발견하는 것이고, 교만함은 하나님 위에서 나의 가치를 스스로 뽐내는 것이기 때문입니다.

인간에게만
있는 것이 무엇인가요?

요새 유행하는 학문 중 하나가 인공지능(artificial intelligence)입니다. 최첨단 과학기술의 발전으로 인해 인간보다 지적으로 훨씬 더 뛰어난 로봇들이 끊임없이 탄생되고 있습니다. 인간이 명령을 내릴 때만 수동적으로 사고하고 기능하는 것이 아니라 스스로 능동적으로 생각하고 판단하여 행동하는 인공지능 로봇은 이제 더 이상 먼 미래의 개념만은 아닙니다.

하지만 아무리 뛰어난 인공지능 로봇을 만든다 하더라도 그 로봇이 절대 가질 수 없는 요소가 하나 있습니다. 이 요소는 오로지 인간만이 가지고 있는 것인데, 바로 영혼(靈魂, a soul)입니다. 앞에서 살펴보았듯이 하나님께서 흙으로 사람을 빚어 그 코에 생기를 불어 넣으시니 사람이 '생령'이 되었습니다. 이 생령이라는 표현이 바로 영혼을 가진 사람이라는 뜻입니다.

인간이 하나님께 예배할 수 있는 이유도 영혼 때문입니다. 첫

장에서 살펴보았듯이 하나님과 인간 사이에 서로 공유하고 있는 속성이 바로 '공유적 속성'입니다. '영' 또한 공유적 속성 중 하나입니다. 하나님도 영이시고 인간도 영혼이 있기 때문에 우리 인간들은 영과 진리로 영이신 하나님께 예배드릴 수 있습니다(참조. 요 4:23).

그렇다면 인간의 본질은 무엇일까요? 기본적으로 인간의 본질은 영혼과 육체로 구성됩니다. 영혼과 육체는 살아 있는 한 서로 분리될 수 없습니다. 사람이 죽는다는 것은 영혼과 육체가 서로 분리된다는 뜻이기도 합니다. 예수 그리스도께서 십자가에서 돌아가실 때 성경은 다음과 같이 표현합니다. "예수께서 신 포도주를 받으신 후에 이르시되 다 이루었다 하시고 머리를 숙이니 영혼이 떠나가시니라"(요 19:30). 이 본문에서 영혼이 떠나가셨다는 표현은 예수 그리스도께서 실제로 돌아가셨다는 것을 의미합니다.

혹자는 인간이 영 혼 육으로 구성되었다고 믿습니다. 이를 삼분설(三分說, trichotomy)이라고 부릅니다. 혹자는 인간은 영혼과 육체로 구성되었다고 믿습니다. 이를 이분설(二分說, dichotomy)이라고 부릅니다. 하지만 성경적 용례로 봐서는 이분설의 입장이 더 옳습니다. 왜냐하면 성경은 영(spirit)과 혼(soul)을 서로 다른 개념으로 보지 않고 같은 개념으로 이해하기 때문입니다(참조. 전 12:7; 고전 5:5 등).

종교개혁자였던 프랑스 신학자 존 칼뱅(John Calvin, 1509-1564) 은 하나님의 형상이 깃들어 있는 좌소를 '영혼'으로 보았습니다. 즉 인간이 하나님의 형상으로 창조되었다는 말은 인간에게 영혼이 있다는 것과 같은 의미라고 칼뱅은 보았던 것입니다. 하나님의 형상으로 창조된 영혼이 있는 인간이 만물의 영장인 이유가 바로 여기에 있습니다(참조. 창 1:28).

깨달음이 있는 성경 구절

- 이스라엘에 관한 여호와의 경고의 말씀이라 여호와 곧 하늘을 펴시며 땅의 터를 세우시며 사람 안에 심령을 지으신 이가 이르시되. (슥 12:1)
- 하늘을 창조하여 펴시고 땅과 그 소산을 내시며 땅 위의 백성에게 호흡을 주시며 땅에 행하는 자에게 영을 주시는 하나님 여호와께서 이같이 말씀하시되. (사 42:5)

적용이 있는 묵상

요한삼서 1장 2절 말씀은 영혼의 잘됨이 얼마나 중요한지를 역설하고 있는 본문입니다. "사랑하는 자여 네 영혼이 잘됨같이 네가 범사에 잘되고 강건하기를 내가 간구하노라"(요삼 1:2). 신자들은 영혼의 잘됨을 위해 노력해야 합니다. 영혼의 거듭남(중생)과 회심을 위해 우리의 영적인 에너지를 집중하는 것이 그 무엇보다 필요한 이유가 바로 여기에 있습니다. 영혼의 잘됨과 범사의 잘됨 그리고 육신의 강건함은 서로 떼려야 뗄 수 없는 밀접한 관련이 있기 때문입니다.

인간 영혼은
어디에서 왔나요?

신학이 있는 답변

인간의 영혼이 그렇게 중요하다면 과연 인간의 영혼은 어디로부터 왔을까요? 이는 매우 당연한 궁금증입니다. 인간 영혼의 기원에 대해서는 크게 세 가지 입장이 있습니다.

첫째, 영혼 선재설(Pre-existentialism)입니다. 영혼 선재설의 핵심 주장은 인간의 영혼이 이미 어딘가에 오래전부터 존재해왔다는 주장입니다. 이미 존재해왔던 영혼이 특정 조건과 상황이 만족될 때 비로소 육체와 결합하여 사람이 된다는 생각입니다. 일부 초대 교부들이 영혼 선재설을 따랐습니다. 하지만 성경적 근거가 약하다는 것이 이 주장의 가장 큰 단점입니다.

둘째, 영혼 유전설(Traducianism)입니다. 영혼 유전설의 핵심 주장은 부모의 영혼이 자녀들에게 유전되어 전파된다는 주장입니다. 즉 인간의 영혼이 세대 간 전이를 통해 퍼뜨려진다는 것입니다. 독일의 종교개혁자 마르틴 루터(Martin Luther, 1483-1546)와 그의 후예들도 영혼 유전설의 입장에서 영혼의 기원을 가르쳤습니다. 영혼 유전설은 원죄의 전가를 설명하기에는 타당하나 각 개인의 독립적 영혼의 독특성을 약화시킬 수 있는 단점이 존재합니다.

셋째, 영혼 창조설(creationism)입니다. 영혼 창조설의 핵심 주장은 인간의 각 영혼의 기원을 하나님의 즉각적인 창조 행위에 두는 것입니다. 즉 영혼 선재설처럼 어딘가에 있던 영혼이 육체와 결합하는 것도 아니며, 영혼 유전설처럼 부모의 영혼을 물려받는 것도 아니라는 것입니다. 오히려 영혼 창조설은 각 개인의 영혼을 잉태할 때 하나님께서 직접적으로 창조하신다는 것에 방점을 찍는 관점입니다. 성경은 끊임없이 영혼의 기원을 하나님께 돌리고 있으므로 성경 전반의 가르침을 가장 적절히 대변해주는 관점이라 평가할 수 있습니다.

요즘 방영되는 텔레비전 드라마들에는 영혼에 대한 잘못된 이해를 고취시킬 수 있는 위험성이 서려 있습니다. 특히 전생 개념이나 윤회 개념 등은 성경적인 영혼 이해와는 다른 이해를 조장합니다. 전생과 현생, 그리고 내세 간에 서로 다른 존재로 살아간다는 개념이나 한 영혼이 이 생애 저 생애 사이를 떠돌아다닌다는 개념은 성경이 말하고 있는 영혼에 대한 개념과 배치됩니다. 그 이유는 성경은 죽음 이후의 영혼은 정해진 곳, 즉 천국과 지옥

으로 즉각적으로 간다고 가르치기 때문입니다(참조. 눅 16:19-31,
부자와 나사로 비유).

깨달음이 있는 성경 구절

- 그 두 사람이 엎드려 이르되 하나님이여 모든 육체의 생명의
  하나님이여 한 사람이 범죄하였거늘 온 회중에게 진노하시나
  이까. (민 16:22)
- 또 우리 육신의 아버지가 우리를 징계하여도 공경하였거든 하물
  며 모든 영의 아버지께 더욱 복종하며 살려 하지 않겠느냐. (히
  12:9)

적용이 있는 묵상

우리의 영혼은 현재 '순례자의 길'을 걸어가는 상태입니다. 창조
주 하나님으로부터 영혼이 창조되었고, 이 세상 속에서 은혜 가운
데 살아가다가, 마지막에는 다시 창조주 하나님께로 돌아가는 것
이 우리 영혼이 걸어가야 할 순례의 길입니다. 신자들의 본향(本
鄕)은 이 세상이 아닙니다. 신자들의 본향은 장차 완성될 하나님

나라, 즉 새 하늘과 새 땅입니다. 찬송가 607장의 1절 가사가 이 귀한 진리를 우리에게 가르쳐줍니다. "내 본향 가는 길 보이도다 인생의 갈 길을 다 달리고 땅 위의 수고를 그치라 하시니 내 앞에 남은 일 오직 저 길."

죄는
무엇인가요?

설교 강단에서 자신 있게 선포하기 힘든 주제가 바로 '죄'입니다. 사람들은 듣기 좋은 설교, 부담 없는 설교를 듣길 원하지 비참한 죄의 상태에 대한 설교는 듣기 싫어하기 때문입니다. 하지만 죄의 본질과 결과에 대한 설교는 강단에서 힘입게 외쳐야 할 귀중한 성경 진리입니다. 죄에 대한 정확한 이해가 우리를 은혜의 자리로 이끌고 가기 때문입니다. "죄가 더한 곳에 은혜가 더욱 넘쳤나니"(롬 5:20b)라는 말씀이 그것을 자명하게 증거합니다.

그렇다면 과연 '죄'란 무엇일까요? 죄를 존재(存在, existence)로 볼 것인가 아니면 상태(常態, condition)로 볼 것인가는 교회 역사 속에서도 치열한 논쟁 지점이었습니다. 만약 죄를 '존재'로 볼 경우에 죄인은 죄라는 물질을 실재적으로 소유한 자로 이해할 수 있습니다. 하지만 죄를 '상태'로 볼 경우에는 죄인을 죄의 상태에 현재 거하고 있는 자로 볼 수 있습니다. 성경은 죄를 존재라기보다는 상태로 이해하는 경향이 짙습니다. "죄를 짓는 자마다 불법을 행하나니 죄는 불법이라"(요일 3:4). 죄는 불법을 행한 상태입니다. 즉 하나님의 법을 어긴 상태가 곧 죄입니다. 히브리서 기자는 이를 다음과 같이 표현합니다. "또 그들의 죄와 그들의 불법을 내가 다시 기억하지 아니하리라 하셨으니"(히 10:17). 이 본문에서는 죄와 불법을 등치어로 사용해 설명합니다. 바울 또한 죄에 빠지는 상태를 "부정과 불법에 내주어 불법에 이르는 것"(롬 6:19)이라고 표현합니다. 응당 지켜져야만 하는 하나님의 법이 무참히 어그러지는 순간이 곧 죄가 관영한 순간입니다.

태초의 사람이었던 아담과 하와는 하나님 앞에서 불법을 행합니다. 선악과를 따먹지 말라는 하나님의 법을 지키지 않고 선악과를 따먹는 불법을 행합니다. 그 결과 선하고 아름다웠던 피조 세계와 아담과 하와의 순결했던 영혼이 죄로 인해 처절히 잠식당합니다. 죄가 팽배한 상태로 뒤바뀌어 버린 것입니다.

아담과 하와는 하나님과 같아지려는 교만한 마음 때문에 죄를 지었습니다. 그러므로 죄의 본질은 참으로 끔찍한 것입니다. 왜냐하면 피조물이 창조주 하나님의 위치에까지 올라가고 싶어 저지른 것이 바로 죄의 본질이요 모체기 때문입니다. 하나님은 절대 죄와 함께할 수 없는 분입니다. 하나님께서 죄와 함께한다는 것은 자신의 거룩한 본성을 스스로 거스르는 자기 모순적 행위이며, 자신의 법이 훼손되는 것을 아무렇지도 않게 용인하는 줏대 없는 하나님이 되기 때문입니다. 게다가 하나님께서 죄와 함께하신다면 의로운 자에게는 축복을 주시고 불의한 자에게는 저주를 베푸시는 하나님 자신의 언약 자체를 스스로 저버리는 행위이기도 합니다.

죄는 대단히 무서운 것입니다. 신자들이 평생에 걸쳐 죄와 피 흘리기까지 싸워야 하는 본질적인 이유도 바로 여기에 있습니다 (참조. 히 12:4).

깨달음이 있는 성경 구절

• 죄를 짓는 자마다 불법을 행하나니 죄는 불법이라. (요일 3:4)

적용이 있는 묵상

스스로가 처절한 '죄인'이라는 묵상은 신자라면 매일매일 깊이 있게 생각해 봐야 할 중요한 진리입니다. 스스로의 힘으로는 아무것도 할 수 없는 처절한 죄인은 자기 자신을 신뢰할 수 없습니다. 오히려 다른 이에게 이 비참한 상태에 대해 고하고 도와달라고 간청해야 합니다. 처절한 죄인은 은혜를 갈구하게 됩니다. 은혜 아니면 자신의 비참한 상태를 해결할 방도가 전혀 없기 때문입니다.

죄는 사람을
얼마나 망가뜨렸나요?

신학이 있는 답변

랩탑 컴퓨터가 망가지는 이유는 여러 가지가 있겠지만 그 가운데 중요한 요인으로는 '먼지'가 있습니다. 협소한 랩탑 컴퓨터 내부에 먼지가 쌓이다 보면 열이 배출될 수 있는 공간이 줄어들어 점점 더 발열이 심해지고, 결국 컴퓨터 전체의 성능을 저하시키는 요인으로 작용할 수 있기 때문입니다. 작은 먼지가 쌓이면 결국 기계는 고장 날 수밖에 없습니다.

사람의 죄도 마찬가지입니다. 죄가 인류에 들어오기 전 피조 세계와 인류는 순결했고 선했으며 아름다웠습니다. 본연의 기능 또한 정상적으로 작동했습니다. 하지만 죄가 들어오고 난 뒤 마치 먼지 때문에 랩탑 컴퓨터가 서서히 망가지는 것처럼 전 피조 세계와 인간의 영혼이 망가지기 시작했습니다.

죄가 얼마나 사람을 망가뜨렸는가는 교회 역사 속에서 다양한 관점 하에 논의되었으며, 크게 두 가지 관점이 있습니다.

첫째, 로마 가톨릭 교회의 관점입니다. 로마 가톨릭 교회는 하나님께서 인간을 창조하실 때 자연적 은사(이성과 지성의 기능)와 더불어 초자연적인 은사까지 덧붙여 주셨다고 가르칩니다. 하지만 죄 때문에 초자연적인 은사가 완전히 날아가 버렸다고 봅니다. 그럼에도 불구하고 로마 가톨릭 교회는 타락 이후에도 여전히 자연적 은사는 남아 있다고 가르칩니다. 이렇게 될 경우, 타락 이후에도 타락의 영향을 입지 않았던 부분이 인간에게는 여전히 남아 있게 되는 것입니다. 타락의 영향을 크게 받지 않은 자연적 은사로 선행 및 신령한 일들을 해나갈 수 있기 때문에 로마 가톨릭 교회의 인간관을 낙관적 인간관으로 이해합니다.

둘째, 개신교회의 관점입니다. 개신교회를 프로테스탄트(Protestant) 교회라고 하는데 문자 그대로 무엇인가에 대항하는 것을 뜻합니다. 개신교회가 대항했던 대상은 바로 위에서 살펴본 로마 가톨릭 교회였습니다. 개신교회는 로마 가톨릭 교회가 가르쳤던 낙관적 인간관을 거부하며 전적 타락, 전적 부패, 전적 무능력 교리를 설파했습니다. 즉 타락으로 인해 인간의 머리끝에서부터 발끝까지 한군데도 제외 없이 전부 다 왜곡되어지고 기능이 틀어졌다는 의미입니다. 특별히 개신교회는 인간 안에 담지된 하나님의 형상을 두 부분으로 나누었는데, 넓은 의미로서의 하나님의 형상 즉 이성, 의식, 양심, 언어, 합리성, 신에 대한 감각, 책임감, 미적 감각 등은 타락 이후에도 여전히 왜곡된 상태로 남아 있지만, 좁은 의미로서의 하나님의 형상 즉 참 지식, 참 의, 참 거룩 등은 타락 이후에 완전히 상실되었다고 가르쳤습니다.

죄는 이토록 끔찍하게 무서운 것입니다. 타락 전 하나님의 형상은 참으로 순결했고 아름다웠지만 타락 이후의 하나님의 형상은 어딘가 모르게 왜곡되고 뒤틀려져 버렸습니다. 죄가 인간의 전인(全人, whole person) 구석구석에 그 어두운 영향력을 행사한 것입니다.

깨달음이 있는 성경 구절

- 여호와께서 사람의 죄악이 세상에 가득함과 그의 마음으로 생각하는 모든 계획이 항상 악할 뿐임을 보시고. (창 6:5)
- 만물보다 거짓되고 심히 부패한 것은 마음이라 누가 능히 이를 알리요마는. (렘 17:9)

적용이 있는 묵상

우리 모두는 죄인이므로 전적 타락, 전적 부패, 전적 무능력 상태에 빠진 자들입니다. 하나님의 은혜 없이는 그 어떤 것도 자발적으로 할 수 없는 자들입니다. 이러한 우리의 상태는 예수 그리스도께서 재림하신 후 우리의 몸이 부활체로 변화될 때야 비로소 다시 새롭게 온전히 회복될 것입니다. 그러므로 '마라나타, 주여어서 오시옵소서'라는 고백은 신자라면 늘 담대히 선포해야 할 귀한 진리입니다.

어떻게 아담의 죄가
우리의 죄가 되었나요?

신학이 있는 답변

대부분의 사람들은 억울한 일을 당하면 견디지 못합니다. 내가 잘 못한 일이 아닌데 나더러 잘못했다고 하면 너무 억울하고 속상해 합니다. 그래서 사람들은 아담의 죄로 인해 온 인류가 죄인이 되 었다는 교리를 좋아하지 않습니다. 죄는 아담이 지었는데 왜 나까 지 죄인 취급하냐며 못마땅해 하는 것입니다.

아담의 죄가 온 인류의 죄가 되었다는 교리를 죄의 '전가' 교 리라고 합니다. 아담이 지은 죄가 원죄(原罪, the Original Sin)가 되 어 모든 인류에게 상속 전가 되었다고 보는 것입니다. 아담의 원 죄가 온 인류에게 전가되었다는 교리는 성경이 증거하고 있는 교 리입니다. 성경은 한 사람으로 말미암아 죄가 세상에 들어오고, 한 사람이 순종하지 아니함으로 모든 사람이 죄인이 되었다고 증 거합니다(참조. 롬 5:12-19).

아담의 죄가 온 인류의 죄가 되는 이유는 아담이 온 인류의 '언약적 대표'이기 때문입니다. 즉 아담이 온 인류의 대표로서 하나님께 불법을 행하여 범죄하였고, 그 대표성에 의해 모든 인간도 하나님 앞에서 죄인으로 간주되는 것입니다.

이러한 온 인류에 대한 아담의 대표성 논리는 인류를 개별적이고 독립적인 존재의 총합으로 보는 것이 아니라, 단일한 통일성을 가진 유기적 단일체로 이해하는 관점 위에 세워집니다. 모든 인간이 유기적 통일성 안에 묶여 있다는 것은 신학적으로 매우 중요한 의미를 가집니다. 인간들의 유기적 통일성 안에서 예수 그리스도의 성육신, 그리스도와의 연합, 성만찬의 의미, 교회의 하나 됨의 원리가 도출되기 때문입니다. 즉 언약적 통일성 가운데서 '연합'이라는 개념이 각종 신학적 영역 가운데서 그 힘을 얻을 수 있습니다.

기독교 신학은 기본적으로 인간 본성의 후패함을 전제하고 시작합니다. 그 이유는 온 인류에게 미치는 아담의 원죄의 영향력을 인정하기 때문입니다. 거듭남(중생) 전의 모든 사람은 본질상 진노의 자녀입니다(엡 2:3). 아담의 죄가 해결될 수 있는 유일한 방법은 거듭남 후 믿음으로 칭의되어 하나님의 자녀가 되는 방법밖에 없습니다. 이러한 구체적인 구원론의 원리는 이후 '5장 구원이 궁금해요' 부분에서 더 자세히 살펴보도록 하겠습니다.

- 그러므로 한 사람으로 말미암아 죄가 세상에 들어오고 죄로 말미암아 사망이 들어왔나니 이와 같이 모든 사람이 죄를 지었으므로 사망이 모든 사람에게 이르렀느니라. (롬 5:12)
- 한 사람이 순종하지 아니함으로 많은 사람이 죄인된 것같이 한 사람이 순종하심으로 많은 사람이 의인이 되리라. (롬 5:19)

적용이 있는 묵상

아담의 원죄의 전가 교리는 '의의 전가'라는 은혜의 교리로 우리를 이끕니다. 성경은 이를 다음과 같이 표현합니다. "한 사람의 범죄로 말미암아 사망이 그 한 사람을 통하여 왕 노릇 하였은즉 더욱 은혜와 의의 선물을 넘치게 받는 자들은 한 분 예수 그리스도를 통하여 생명 안에서 왕 노릇 하리로다"(롬 5:17). 아담이 원죄의 맥락 가운데서 언약적 대표라면, 예수 그리스도는 의의 맥락 가운데서 우리의 언약적 대표입니다. 한 사람의 범죄함으로 말미암아 모든 인류가 죄인이 된 것처럼, 한 사람의 의로운 행위로 말미암아 죄인들이 구원을 받게 됩니다. 이 언약적 대표가 바로 주 예수 그리스도이십니다!

죄의 결과는
무엇인가요?

이 세상 만물사는 언제나 원인론(原人論)의 맥락 안에서 움직입니다. 즉 어떤 결과가 생긴 것은 그 결과가 도출될 수밖에 없는 원인들이 있었기 때문입니다. 반대로 생각하면 어떤 원인들이 있다면 그 원인들은 반드시 그에 상응하는 결과를 낳기 마련입니다.

죄도 마찬가지입니다. 아담이 지은 원죄가 원인이 되어, 온 인류에게 그 원죄의 결과가 구석구석 미치게 되었습니다. 죄의 결과는 크게 세 가지로 이해할 수 있습니다.

첫째, 죄의 결과는 죄책(罪責, guilt)입니다. 죄책은 '죄의 책임'입니다. 다른 사람의 물건을 훔친 사람은 그에 상응하는 죄의 책임을 져야 합니다. 살인을 했다면 그 책임은 살인을 저지른 본인이 져야만 합니다. 즉 죄를 지은 자는 반드시 죄의 책임을 질 의무가 있습니다.

둘째, 죄의 또 다른 결과는 오염(汚染)과 부패(腐敗)입니다. 죄를 짓게 되면 더 이상 의인이 아닙니다. 죄를 지은 사람의 정체성은 죄인입니다. 즉 죄로 인해 오염되고 부패한 상태를 갖게 되는 것입니다. 죄로 오염되어 부패한 영혼은 계속해서 죄의 자리에 머무르고 싶어 하는 죄악된 본성의 지배를 받게 됩니다. 신자라면 죄의 오염과 부패를 지극히 경계해야 할 이유와 필요성이 바로 여기에 있습니다.

셋째, 죄의 가장 치명적인 결과는 죽음입니다. 성경은 이를 다음과 같이 표현합니다. "죄의 삯은 사망이요"(롬 6:23). 만약 아담과 하와가 죄를 짓지 않았더라면 그들은 에덴동산에서 평생 동안 죽음을 경험하지 않은 채 영생했을 것입니다. 하지만 죄를 짓고 난 그들을 향해 하나님은 다음과 같이 저주하셨습니다. "너는 흙이니 흙으로 돌아갈 것이니라 하시니라"(창 3:19). 흙으로 돌아간다는 말씀은 죽음을 경험할 것이라는 말씀입니다. 이미 하나님께서는 선악과에 대해 설명하시면서 다음과 같이 명령하셨습니다. "선악을 알게 하는 나무의 열매는 먹지 말라 네가 먹는 날에는 반드시 죽으리라 하시니라"(창 2:17). 이처럼 죄악의 치명적인 결과가 바로 육신의 죽음입니다.

죄의 결과는 이처럼 비참하고 처절합니다. 죄는 온 인류에게 죄책과 오염과 부패, 그리고 죽음이라는 어둠의 선물을 안겼습니다. 신자들이라도 이러한 죄의 실존적 문제 앞에 자신을 겸비하게 돌아봐야 합니다. 사도 바울이 기록한 것처럼 신자들은 여전히 "곤고한 사람"입니다(롬 7:24). 여전히 생명의 법과 죄의 법이 사망의 몸 안에서 싸우고 있기 때문입니다. 그러나 이 싸움의 승리는 이미 정해져 있습니다. 왜냐하면 우리 대신에 죄의 법과 싸워 이기신 예수 그리스도 안에 있는 자에게는 결코 정죄함이 없기 때문입니다(롬 8:1). 할렐루야!

깨달음이 있는 성경 구절

- 죄의 삯은 사망이요 하나님의 은사는 그리스도 예수 우리 주 안에 있는 영생이니라. (롬 6:23)
- 오직 너희 죄악이 너희와 너희 하나님 사이를 갈라놓았고 너희 죄가 그의 얼굴을 가리어서 너희에게서 듣지 않으시게 함이니라. (사 59:2)

적용이 있는 묵상

죄의 비참한 결과에 대해 논하는 궁극적인 이유는 '예수 그리스도'를 바라보기 위함입니다. 죄의 비참한 결과를 해결해주실 분은 오로지 예수 그리스도밖에 없기 때문입니다. 그러므로 다음 장부터는 예수 그리스도가 누구신지에 대해 다룰 것입니다. 예수 그리스도를 알면 알수록 우리 안에 짙게 드리워졌던 죄책과 오염, 부패와 사망의 그림자는 점점 더 그 색이 옅어져 갈 것입니다. 그러므로 예수 그리스도는 우리에게 있어 가장 큰 은혜요 소망입니다!

4장

|

예수님이 궁금해요

그리스도는
무슨 뜻인가요?

신학이 있는 답변

이스라엘 사람들은 자신을 죄에서 구원해주실 자인 구세주(救世主, the Savior)를 늘 기다렸습니다. 구세주를 히브리어로 부를 때는 '메시아', 헬라어로 부를 때는 '그리스도'였습니다. 그리스도는 '기름 부음을 받은 자'라는 뜻을 가집니다. 성경에 보면 기름 부음 받는 직분이 세 가지가 나옵니다. 왕, 선지자, 제사장입니다.

첫째, 예수 그리스도는 우리의 왕이십니다. 앞 장에서 창조를 다룰 때 살펴본 것처럼 이 세상 모든 만물은 예수 그리스도를 통하여 창조되었습니다. 그러므로 예수 그리스도는 온 인류와 온 세상 만물의 주인이요 주권자요 왕이십니다. 동시에 사탄과의 영적인 싸움에서 승리하여 사탄의 노예 상태에 빠져 있던 우리들을 구원해준 영적 전쟁에서 승리하신 왕이시기도 합니다. 사망의 종노릇을 하지 않으시고 사망을 이기신 참된 영생의 왕이십니다!

둘째, 예수 그리스도는 우리의 선지자입니다. 예수 그리스도는 하나님의 자기 계시 그 자체입니다. 하나님의 말씀이 육신이 되어 이 땅에 내려오신 것입니다. 이 땅에 내려오셔서 하신 일은 천국 복음을 전파하는 일이었습니다. 왜냐하면 천국 복음을 전하는 사명이 곧 선지자의 가장 중요한 사명이기 때문입니다.

셋째, 예수 그리스도는 우리의 제사장입니다. 구약 시대 때는 죄 사함을 받기 위해 짐승 제사를 반복적으로 드려야만 했습니다. 수많은 짐승들이 죄인의 속죄를 위해 피 흘려 죽었습니다. 하지만 신약 시대 때는 더 이상 짐승 제사를 드릴 필요가 없습니다. 왜냐하면 우리의 대제사장 되신 예수 그리스도께서 스스로 어린 희생 양이 되셔서 영 단번 속죄 제사를 우리를 위해 드리셨기 때문입니다. 그러므로 그리스도의 보혈의 피의 공로를 믿으면 우리의 죄 문제는 해결될 수 있습니다.

예수 그리스도의 왕 선지자 제사장 직분을 그리스도의 '삼중직'이라고 부릅니다. 우리를 위해 삼중직의 사역을 기쁨으로 감당하신 예수 그리스도는 실로 살아계신 하나님의 아들입니다.

깨달음이 있는 성경 구절

• 진실로 너희에게 이르노니 여기 서 있는 사람 중에 죽기 전에

인자가 그 왕권을 가지고 오는 것을 볼 자들도 있느니라. (마 16:28)

• 모세가 말하되 주 하나님이 너희를 위하여 너희 형제 가운데서 나 같은 선지자 하나를 세울 것이니 너희가 무엇이든지 그의 모든 말을 들을 것이라. (행 3:22)

• 하나님께 멜기세덱의 반차를 따른 대제사장이라 칭하심을 받으셨느니라. (히 5:10)

적용이 있는 묵상

예수 그리스도가 우리의 왕이요 선지자요 제사장이라는 사실은 우리 삶의 방향성을 어떻게 설정해야 할지에 대해 올바른 답을 내려줄 수 있습니다. 예수 그리스도가 우리의 왕이라면 우리들은 더 이상 그리스도 외에 다른 왕을 섬기며 살아서는 안 됩니다. 그리스도가 우리의 선지자라면 우리는 그리스도의 말씀을 소홀히 여기며 살아서는 안 됩니다. 그리스도가 우리의 제사장이라면 우리는 더 이상 죄에 탐닉하여 본질상 진노의 자녀처럼 살아서는 안 됩니다. 이처럼 그리스도의 삼중직에 대한 깊이 있는 묵상은 더욱 더 그리스도를 닮아 가는 데 큰 원동력이 될 수 있습니다.

중보자는
무슨 뜻인가요?

신학이 있는 답변

요새는 거의 연애결혼을 하지만 과거만 하더라도 대부분 중매결
혼이었습니다. 중매결혼이란 서로 알지 못했던 남자와 여자 사
이를 누군가가 중간에서 이어주어 결혼에까지 이른 것을 뜻합니
다. 남자와 여자 중간에서 둘 사이를 이어주는 사람을 중매(仲媒,
a matchmaker)라고 부릅니다.

　예수 그리스도도 마찬가지입니다. 예수 그리스도께서도 하나
님과 인간 사이를 이어주는 다리 역할을 감당하셨습니다. 이를 예
수 그리스도의 중보자(中保者, mediator) 사역이라고 합니다. 성경
적으로 표현하자면 하나님과 죄인 사이를 '화목'하게 만드는 역
할을 예수 그리스도께서 감당하신 것입니다.

　신약 성경에서는 지속적으로 예수 그리스도 한 분만이 하나님
과 인간 사이의 유일한 중보자이심을 가르치고 있습니다(갈 3:19-
20; 딤전 2:5; 히 8:6 등). 그러므로 예수 그리스도 외에는 그 어떠한

중보자도 없습니다. 그 이유는 예수 그리스도만이 유일한 신인(神人), 즉 완전한 하나님이시면서 동시에 완전한 인간이기 때문입니다. 예수 그리스도만이 유일무이한 완전한 하나님이요 동시에 완전한 인간이기 때문에 하나님의 사정과 인간의 사정 모두를 가장 정확히 아시는 분입니다. 그러므로 예수 그리스도만이 하나님과 인간 사이를 화목하게 하는 유일한 중보자가 될 수 있습니다.

많은 사람이 기도를 끝마칠 때 다음과 같이 말합니다. "예수님 이름으로 기도합니다 아멘." 예수님 이름으로 기도하는 이유는 예수 그리스도께서 우리의 유일한 중보자이기 때문입니다. 예수 그리스도의 보혈의 공로에 힘입지 않고서는 그 누구도 하나님 아버지께 갈 수도, 하나님 아버지께 예배할 수도, 하나님 아버지께 기도할 수도 없습니다. 하나님과 인간 사이를 화목하게 만드신 예수 그리스도를 통할 때만 죄인들은 하나님 아버지께 담대히 나아갈 수 있습니다. 그러므로 우리는 늘 '예수님 이름으로' 기도해야 합니다. 예수 그리스도만이 우리의 유일한 중보자이시기 때문입니다.

- 하나님은 한 분이시요 또 하나님과 사람 사이에 중보자도 한 분이시니 곧 사람이신 그리스도 예수라. (딤전 2:5)
- 그러나 이제 그는 더 아름다운 직분을 얻으셨으니 그는 더 좋은 약속으로 세우신 더 좋은 언약의 중보자시라. (히 8:6)
- 그는 우리의 화평이신지라 둘로 하나를 만드사 원수된 것 곧 중간에 막힌 담을 자기 육체로 허시고. (엡 2:14)

우리는 예수 그리스도께 중보자 역할을 대신 해달라고 부탁한 적도 간청한 적도 없습니다. 그럼에도 불구하고 예수 그리스도께서는 자기 몸을 찢어 스스로 희생양이 되셔서 죄 때문에 존재하게 된 하나님과 인간 사이의 막힌 담을 깨끗이 허물어 주셨습니다. 이는 한량없는 은혜입니다. 중보자 되신 예수 그리스도를 믿을 때 하나님과 더불어 참된 영적인 친교와 교제를 나눌 수 있게 됩니다. 사실 이보다 더 큰 감격은 없습니다. 이보다 더 큰 은혜는 없습니다. 그러므로 그리스도의 중보 사역 그 자체는 은혜 중의 은혜입니다.

예수님은 하나님인가요,
인간인가요?

신학이 있는 답변

신학 주제들은 대부분 참으로 난해합니다. 눈에 보이지 않는 하나님에 대한 연구는 늘 인간 이성의 한계에 부딪히기 마련이기 때문입니다. 특히 '예수님이 하나님인가 인간인가'라는 질문 역시 신학 난제 중 난제입니다. 논리적으로 생각하면 완전한 하나님과 완전한 인간이 동시에 존재할 수 없습니다. '무한성을 가진 존재와 유한성을 가진 존재가 어떻게 공존할 수 있을까?'라는 질문은 어찌 보면 자연스러운 질문인 것처럼 보입니다.

예수 그리스도의 신성(神性, the Divine nature)과 인성(人性, the human nature)에 대한 교리를 예수 그리스도의 '두 본성' 교리라고 부릅니다. 삼위일체 중 첫 번째 위격인 성부 하나님과 세 번째 위격인 성령 하나님은 신성만 있는 분입니다. 하지만 삼위일체 중 두 번째 위격인 성자 하나님은 성부와 성령 하나님과 다른 본성을 하나 가지고 계신데, 그것이 바로 우리 인간과 모든 면에서 똑

같으시나 죄만 없으신 인성입니다. 즉 예수 그리스도는 완전한 하나님임과 동시에 완전한 인간이셨습니다.

어떻게 완전한 신성을 가진 존재가 동시에 완전한 인성을 가질 수 있을까요? 신학에서는 이를 '위격적 연합'(the hypostatic union)으로 풉니다. 예수 그리스도의 신성과 인성이 서로 뒤섞여 버리면 아마도 예수 그리스도는 더 이상 완전한 인간이 될 수 없을 것입니다. 왜냐하면 유한한 인성은 무한한 신성을 담을 수 없기 때문에 신성과 인성이 섞이면 결국 무한한 신성만 남을 것이기 때문입니다. 이를 단성론적 오류라고 합니다. 인성이 없어져 버리기 때문입니다. 그러므로 그리스도의 신성과 인성이 서로 섞이는 것이 아니라, 그리스도의 신성과 인성은 서로 섞임 없이 그리스도의 '위격'으로 연합한다는 것이 위격적 연합의 핵심입니다. 즉 위격적 연합은 신성과 인성 사이의 섞임이 아니라 신성과 인성이 위격으로 연합한다는 의미이기 때문에 완전한 신성과 완전한 인성이 그 고유한 성질을 그대로 유지한 채 한 위격 안에서 서로 섞임 없이 존재할 수 있게 됩니다. 그 결과 삼위일체 중 두 번째 위격인 예수 그리스도는 완전한 하나님임에도 불구하고 동시에 완전한 인간으로 존재할 수 있습니다.

- 태초에 말씀이 계시니라 이 말씀이 하나님과 함께 계셨으니 이 말씀은 곧 하나님이시니라. (요 1:1)
- 그는 근본 하나님의 본체시나 하나님과 동등됨을 취할 것으로 여기지 아니하시고. (빌 2:6)
- 말씀이 육신이 되어 우리 가운데 거하시매 우리가 그의 영광을 보니 아버지의 독생자의 영광이요 은혜와 진리가 충만하더라. (요 1:14)

적용이 있는 묵상

예수 그리스도의 두 본성 교리는 매우 중요합니다. 왜냐하면 이 교리가 조금이라도 왜곡되거나 잘못 이해될 경우엔 바로 이단의 길로 빠질 수 있기 때문입니다. 언제나 예수 그리스도의 신성과 인성은 동등하게 강조되어야 합니다. 신성만 강조해서는 안 됩니다. 그 결과 그리스도의 인간이심이 약화되기 때문입니다. 반대로 인성만 강조되서도 안 됩니다. 그 결과 그리스도의 하나님이심이 약화되기 때문입니다. 그리스도는 완전한 하나님이시면서 동시에 완전한 인간입니다. 그러므로 이 고백은 '신앙고백'입니다.

논리로 고백하는 것이 아니라 믿음으로 고백하는 것입니다. 이 고백은 참으로 복된 고백입니다. 왜냐하면 예수 그리스도께서 완전한 신 인이라는 고백은 그리스도가 곧 메시아 그리스도요 살아계신 하나님의 아들이요 동시에 우리의 중보자라는 복된 고백이기 때문입니다.

예수님은
왜 사람이 되셨나요?

신학이 있는 답변

예수 그리스도는 원래 영원 전부터 신성만 있는 분이셨습니다. 하지만 삼위일체 하나님의 내부적 언약을 통해 두 번째 위격인 성자 하나님이 사람의 육신을 입고 이 땅에 내려오시기로 작정합니다. 이는 매우 복되고 은혜로운 신적 결정이었습니다.

예수 그리스도께서 인간이 되신 사건을 성육신(成肉身, incarnation) 사건이라고 부릅니다. 예수 그리스도께서 성육신 하신 이유는 죄인을 구원하시기 위해서였습니다.

구약에서는 죄인의 죄를 속하기 위해 짐승이 죽어야만 했습니다. 짐승에게 죄인의 죄를 덮어씌운 후 짐승의 팔다리를 각 뜨고 모든 피를 쏟아서 속죄제를 드린 것입니다. 이는 죄의 삯은 형벌이요 사망이라는 사실을 시각적으로 분명하게 보여주는 피 제사였습니다. 죄를 지으면 반드시 그 죄에 대한 책임을 누군가는 져야 한다는 것을 극명하게 보여주는 의식이었습니다.

예수 그리스도께서 사람이 되신 이유는 스스로가 제물이 되어 피 제사를 드리기 위함이었습니다. 구약에서의 피 제사는 개인적 제사였지만 그리스도께서 십자가상에서 성취하신 제사는 온 인류의 죄를 위한 제사였습니다. 이는 단번(once-for-all)의 제사로 더 이상 반복적으로 짐승 제사를 드릴 필요가 없는 신학적 모태를 마련해주었습니다. 구약의 짐승이 각을 뜨임 당한 것처럼 예수 그리스도 역시 손과 발에 못이 박히셨습니다. 구약의 짐승이 제단 위에서 모든 피를 쏟은 것처럼 예수 그리스도 역시 십자가라는 제단 위에서 모든 피를 쏟으셨습니다. 구약의 짐승이 죄인의 죄책을 전가 받아 죽은 것처럼 예수 그리스도 역시 인류의 죄책을 전가 받아 죽으셨습니다.

예수 그리스도께서 사람이 되신 이유는 구약의 피 제사를 성취하시고, 구약에서부터 지속적으로 예언되어 온 메시아 사상을 완성하시고, 친히 희생 제물이 되셔서 하나님과 죄인 사이의 뿌리 깊은 반목을 화목케 하기 위함이었습니다. 이를 위해 하늘 보좌를 버리고 이 땅에 내려오셔서 고난당하시고 죽으시고 무덤에까지 들어가신 것입니다. 이를 그리스도의 비하(卑下, humiliation)라고 부릅니다. 죽기까지 낮아지신 것입니다. 그러므로 예수 그리스도는 겸손의 왕입니다. 예수 그리스도를 믿는 그리스도인들이 교만

하지 말아야 할 이유가 바로 여기에 있습니다.

- 율법이 육신으로 말미암아 연약하여 할 수 없는 그것을 하나님은 하시나니 곧 죄로 말미암아 자기 아들을 죄 있는 육신의 모양으로 보내어 육신에 죄를 정하사. (롬 8:3)
- 크도다 경건의 비밀이여, 그렇지 않다 하는 이 없도다 그는 육신으로 나타난 바 되시고 영으로 의롭다 하심을 받으시고 천사들에게 보이시고 만국에서 전파되시고 세상에서 믿은 바 되시고 영광 가운데서 올려지셨느니라. (딤전 3:16)

적용이 있는 묵상

예수 그리스도는 참 하나님이셨습니다. 참 하나님이셨던 분이 유한한 인간의 육체를 입으셨습니다. 아마도 모든 것이 제한되어 있기에 대단히 답답하고 불편하셨을 것입니다. 그럼에도 불구하고 예수 그리스도는 그 일을 하셨습니다. 그 이유는 바로 내 죄를 속하기 위함이었습니다. 그러므로 예수 그리스도보다 더 큰 겸손의 왕은 없습니다. 예수를 믿는 신자라면 반드시 겸손해야 합니다. 예수 그리스도의 비하 사건을 묵상하면 할수록 교만이 싹틀 공간이 그 어디에도 창출되지 않기 때문입니다.

예수님은 십자가에서
무엇을 하신 건가요?

예수님은 십자가에서 죄를 속하는 속죄 사역을 감당하셨습니다. 속죄 사역의 본질을 보는 여러 가지 신학적 관점들이 있습니다. 승리자 그리스도론, 사탄 배상설, 만족설, 도덕 모범설, 형벌 대속설 등이 바로 그것들입니다.

첫째, 승리자 그리스도론은 초대 교회 당시 팽배했던 속죄론이었습니다. 이는 그리스도께서 십자가상에서의 죽음 그리고 부활을 통해 어둠의 세력인 사탄과의 영적 전쟁에서 궁극적으로 승리했다는 이론입니다. 창세기 3장 15절 말씀인 "내가 너로 여자와 원수가 되게 하고 네 후손도 여자의 후손과 원수가 되게 하리니 여자의 후손은 네 머리를 상하게 할 것이요 너는 그의 발꿈치를 상하게 할 것이니라"라는 말씀의 성취로 십자가 사역을 바라보는 것입니다.

둘째, 사탄 배상설 역시 초대 교부들 당시에 유행했던 속죄론이었습니다. 사탄 배상설은 그리스도께서 자기 자신을 사탄에게 '몸값'(ransom)으로 주어 사탄의 노예인 죄인들을 풀어준다는 개념입니다.

셋째, 만족설은 중세 시대의 속죄론이었습니다. 만족설의 기본적인 논리 흐름은 다음과 같습니다. 거룩하신 하나님께서 인간의 죄 때문에 불만족스러운 상태가 되셨습니다. 어떤 인간도 하나님의 불만족을 풀어줄 수 없으므로 신·인인 예수 그리스도께서 십자가 사역을 통해 성부 하나님을 만족스럽게 만드셨다는 이론입니다.

넷째, 도덕 모범설은 중세 이후로 종교개혁 후기까지 지속적으로 발달된 속죄론입니다. 도덕 모범설의 핵심은 십자가에서의 예수 그리스도의 사랑과 희생이 인간들에게 큰 도덕적 모범이 된다는 것입니다. 그러므로 이 모델은 윤리적 도덕적 함의에 방점을 찍어 그리스도의 속죄 사역을 해석하는 것입니다.

다섯째, 형벌 대속설은 종교개혁자들에 의해 발전된 속죄론입니다. 예수 그리스도께서 죄인 대신에 형벌과 죽음을 당해 죄책을 사한다는 개념에 방점이 찍힌 속죄론입니다. 대표적으로 이사야서 53장이 형벌 대속설을 지지하고 있는데, 그리스도의 고난과 형벌은 죄인들 대신에 받은 고난과 형벌이라고 잘 묘사되어 있기 때문입니다.

예수 그리스도께서는 지금까지 다뤘던 모든 속죄 의미들을 십자가상에서 전부 다 성취하셨습니다. 그러므로 어떤 특정 속죄 모델만을 취할 것이 아니라 속죄 사역에 담긴 함의를 포괄적으로 취할 필요가 있습니다. 하지만 성경 전반적으로는 예수 그리스도의 십자가 사역을 형벌 대속설의 맥락에서 이해하는 경향이 짙습니다.

깨달음이 있는 성경 구절

- 그가 찔림은 우리의 허물 때문이요 그가 상함은 우리의 죄악 때문이라 그가 징계를 받으므로 우리는 평화를 누리고 그가 채찍에 맞으므로 우리는 나음을 받았도다. (사 53:5)
- 우리는 다 양 같아서 그릇 행하여 각기 제 길로 갔거늘 여호와께서는 우리 모두의 죄악을 그에게 담당시키셨도다. (사 53:6)

적용이 있는 묵상

십자가는 모순이요 역설입니다. 죽어야 살고, 약할 때 강함 되시고, 낮아질 때 높아지는 장소가 바로 십자가이기 때문입니다. 십자가의 역설을 깊이 묵상할 때 나올 수밖에 없는 반응은 감격과 감사뿐입니다. 예수 그리스도는 우리에게 이렇게 명령하셨습니다. "아무든지 나를 따라 오려거든 자기를 부인하고 자기 십자가를 지고 나를 좇을 것이니라"(마 16:24). 자기를 부인하고 자기 십자가를 지고 예수를 좇는다는 말이 무슨 뜻인지를 알아가는 삶이 곧 신자의 복된 삶입니다.

예수님은 현재
무엇을 하고 계시나요?

신학이 있는 답변

예수 그리스도의 성육신, 고난, 십자가 죽음, 무덤에 들어가심이 그리스도의 비하 사역이라면 그의 부활, 승천, 하늘 보좌 우편에 앉으심, 승천을 그의 승귀(昇貴, exaltation), 즉 높아지는 사역이라고 부릅니다.

현재 예수 그리스도는 부활체(復活體, a resurrected body)를 가지고 계십니다. 만약 그리스도께서 죽은 후 다시 살아나지 못하셨다면 우리는 예수 그리스도를 믿을 이유와 필요가 전혀 없습니다. 왜냐하면 부활하지 못한 예수는 베들레헴에서 태어난 인간 나사렛 예수에 불과하기 때문입니다. 하지만 십자가 죽음 이후 예수 그리스도께서는 다시 부활하셨기 때문에 신자들은 사망의 권세를 이기신 부활하신 살아계신 하나님의 아들 예수 그리스도를 믿는 것입니다.

예수 그리스도는 현재 부활체를 입고 하늘 보좌 우편에 앉아

계십니다. 하늘 보좌 우편에 앉아계신다는 의미를 반드시 문자적으로 해석할 필요는 없습니다. 오히려 상징적으로 이해하여 만유의 주로서 왕권을 가지고 온 세상을 통치하고 계신다고 이해하는 것이 좋습니다. 앞에서 살펴본 것처럼 그리스도라는 표현에는 삼중직 즉 왕 선지자 제사장의 직분과 역할의 의미들이 서려 있습니다. 그리스도는 십자가 죽음 후 부활을 통해 사탄의 권세를 이기시고 승리자가 되셔서 공식적으로 만왕의 왕 만유의 주가 되셨습니다. 예수 그리스도는 하늘 보좌 우편에서 이 세상 만물을 통치하시면서 신자들을 위해 지속적으로 중보자의 역할을 감당하고 계십니다. 그러므로 그리스도는 현재 십자가 사역을 마친 후 쉬고 계신 것이 아닙니다. 그는 여전히 우리 신자들을 위해 하늘 보좌 우편에서 왕 선지자 제사장의 직분을 열심히 감당하고 계십니다.

신자들은 예수 그리스도와 함께 옛 자아를 십자가 아래 못박고, 예수 그리스도와 함께 새 자아가 살아남을 경험한 사람들입니다. 옛 자아의 죽음과 새 자아의 부활은 '그리스도와의 연합'(union with Christ) 가운데 일어납니다. 이는 그리스도를 믿음으로 가능케 됩니다. 예수 그리스도께서는 현재 자신과 연합되어 있는 신자들을 보호하고 통치하실 뿐 아니라 신자들의 연합적 무리

인 교회의 머리가 되셔서 보편 교회의 영광스러움을 만방에 드러내고 계십니다.

깨달음이 있는 성경 구절

- 예수께서 이르시되 네가 말하였느니라 그러나 내가 너희에게 이르노니 이 후에 인자가 권능의 우편에 앉아 있는 것과 하늘 구름을 타고 오는 것을 너희가 보리라 하시니. (마 26:64)
- 스데반이 성령 충만하여 하늘을 우러러 주목하여 하나님의 영광과 및 예수께서 하나님 우편에 서신 것을 보고 말하되 보라 하늘이 열리고 인자가 하나님 우편에 서신 것을 보노라 한대. (행 7:55-56)

적용이 있는 묵상

예수 그리스도는 '임마누엘'(Immanuel) 하나님입니다. 임마누엘이란 뜻은 '하나님이 우리와 함께하시다'라는 뜻입니다. 예수 그리스도는 우리와 함께하시기 위해 하늘 보좌를 버리고 이 땅에 내려오셨습니다. 이 땅에서의 모든 사역을 마치시고 다시 승천하셔서 하늘 보좌 우편에서 여전히 우리와 연합하셔서 우리와 함께 하십니다. "우리는 다 양 같아서 그릇 행하여 각기 제 길로 갔지만"(사 53:6) 예수 그리스도는 늘 우리에게 먼저 찾아오셔서 우리와 함께하길 원하십니다. 언제나 임마누엘 되신 예수 그리스도께 모든 영광과 존귀와 찬양을 올려 드립니다!

예수님은 앞으로
무엇을 하실 건가요?

예수 그리스도의 신분적 사역 중 비하 사역(성육신, 고난, 십자가 죽음, 장사)은 모두 다 성취되었고, 승귀 사역 중 부활, 승천, 보좌 우편에 앉으심까지도 성취되었습니다. 승귀 사역 중 마지막 한 사역이 남았는데, 그것이 바로 주 예수 그리스도께서 이 땅에 다시 오실 재림(再臨, the Second Coming)입니다.

그리스도의 재림은 크게 세 가지 방식을 지닌 채 일어날 것입니다.

첫째, 예수 그리스도의 재림은 가시적(可視的, visible) 재림일 것입니다. 즉 예수 그리스도는 부활체를 가진 채로 오시기 때문에 모두 다 그의 다시 오심을 볼 수 있을 것입니다.

둘째, 예수 그리스도의 재림은 승리적(勝利的, triumphant) 재림일 것입니다. 그리스도의 재림을 통하여 어둠의 세력과 공중 권세 잡은 자들의 권세는 멸망될 것이고 참된 승리의 깃발이 새 하늘과 새 땅 가운데 휘날리게 될 것입니다.

셋째, 예수 그리스도의 재림은 영광적(榮光的, glorious) 재림일 것입니다. 그리스도는 구름과 함께 천사장의 우렁찬 나팔소리와 더불어 다시 오실 것입니다. 구름과 함께 오신다는 것은 하나님의 영광스러운 임재와 현현의 표현입니다. 그리스도의 재림 후 의인은 영생의 길로, 악인은 영원 멸망의 길로 들어가는 심판을 당할 것입니다. 이를 통해 하나님의 공의와 정의가 영광스럽게 드러나게 될 것입니다.

재림의 때는 그 누구도 알 수 없습니다. 재림의 때는 오로지 하나님만 아십니다. 그러므로 시한부 재림론은 성경적으로 문제가 있는 주장입니다. 재림의 때가 언제일지 그 누구도 모르기 때문에 성경은 "주의하고 깨어 있으라"(막 13:33)고 명령합니다. 재림의 때는 마치 도둑이 집에 침입하는 것과 같다고 성경은 가르칩니다. 예고 없이 갑자기 들이닥치는 것이 재림의 때입니다. 그러므로 신자들은 마라나타를 외치며 주님의 재림을 깨어 있는 자세로 고대해야 합니다. 재림의 때에 모든 굽어 있던 것들은 다 펴질 것이며, 모든 감추어진 것들은 밝히 드러나게 될 것입니다.

- 볼지어다 그가 구름을 타고 오시리라 각 사람의 눈이 그를 보겠고 그를 찌른 자들도 볼 것이요 땅에 있는 모든 족속이 그로 말미암아 애곡하리니 그러하리라 아멘. (계 1:7)
- 이르되 갈릴리 사람들아 어찌하여 서서 하늘을 쳐다보느냐 너희 가운데서 하늘로 올려지신 이 예수는 하늘로 가심을 본 그대로 오시리라 하였느니라. (행 1:11)
- 그들이 평안하다, 안전하다 할 그 때에 임신한 여자에게 해산의 고통이 이름과 같이 멸망이 갑자기 그들에게 이르리니 결코 피하지 못하리라. (살전 5:3)

신자들에게는 마지막 심판의 형벌이 없습니다. 예수 안에 있는 자에게는 결코 정죄함이 없기 때문입니다(롬 8:1). 그러므로 재림의 때는 신자들에게 가장 복되고 즐거운 날입니다. 그날에 그리스도의 의의 공로에 힘입어 영생의 길로 들어가게 될 것이기 때문입니다. 그러므로 신자들은 이 땅에 초막 짓고 사는 자들이 아닙니다. 신자들의 눈은 늘 다가올 세상 즉 내세(來世)에 초점을 두어야 합니다. 일시적인 것들이 아닌 영원한 것들에 소망을 두고 사는 삶이 신자의 삶이요 그것이 가장 축복된 삶입니다.

5장

—

구원이 궁금해요

구원의 시작점은
무엇인가요?

신학이 있는 답변

현대 사회의 특징은 인간에게 자율권(自律權, autonomy)을 부여하는 데 힘을 쓴다는 점입니다. 물론 인간은 독립적이고 자율적인 주체로서 주어진 삶을 스스로 최선을 다해 살아야 합니다. 그러나 구원의 여정 가운데서는 인간이 독립적 자율적 주체적으로 행동할 수 없습니다. 왜냐하면 구원의 시작점은 하나님이시기 때문입니다.

구원의 시작점은 하나님의 선택(選擇, election)입니다. 하나님의 선택은 영원 전에 일어난 일이기 때문에 구원의 시작점에 인간이 주도적으로 활동할 여지가 없습니다. 물론 구원 받은 이후 인간은 최선을 다하여 구원을 이루어나가야 합니다. 인간의 책임과 역할이 분명히 요구됩니다. 그러나 그렇다고 해서 그것이 인간에 의해 구원이 좌지우지된다는 뜻은 아닙니다. 구원의 주도권은 늘 하나님께만 있다는 것이 성경의 가르침입니다.

하나님께서는 자신의 기쁘신 뜻대로 사람들을 선택하시고 자신이 선택한 자들을 구원의 길로 부르십니다. 이를 신학에서는 '부르심'(calling)이라고 칭합니다. 부르심은 크게 두 가지가 있는데 '일반적 부르심'(general calling)과 '특별한 부르심'(special calling)으로 구별해 이해합니다. 일반적 부르심은 보편적으로 누구에게나 미치는 구원에로의 부르심입니다. 하지만 일반적 부르심은 효과적인 부르심이 아닙니다. 왜냐하면 그 부르심을 듣고 모든 자들이 전부 다 구원의 길로 들어서는 것은 아니기 때문입니다. 하지만 특별한 부르심은 다릅니다. 특별한 부르심은 실패함이 없는 부르심입니다. 그러므로 특별한 부르심을 '효과적 부르심'(effectual calling)이라고 부릅니다. 하나님께서 선택한 자들을 효과적으로 부르시면 선택받은 자들은 복음을 반드시 듣고 그 복음에 믿음으로 반응할 수 있는 은혜를 누리게 됩니다.

요새는 인간이 구원을 이루어 가려고 노력합니다. 이것을 '행위 구원론'이라고 명명합니다. 인간의 행위로 인해 한 땀 한 땀 구원을 이루어 갈 수 있다고 생각하는 것입니다. 그러나 인간 존재의 본질적 측면을 깊이 있게 묵상할 때 행위 구원론은 절대 불가능한 구원 논리라는 사실을 금방 깨닫게 됩니다. 왜냐하면 '3장 인간이 궁금해요' 부분에서 살펴보았듯이 타락 후 인간은 전적 타락, 전적 부패, 전적 무능력하기 때문입니다. 그러므로 구원은 은혜로 시작해야 합니다. 그것이 바로 효과적인 부르심이라는 개념 속에 함의된 무한하고도 무조건적인 은혜성입니다.

깨달음이 있는 성경 구절

- 또 미리 정하신 그들을 또한 부르시고 부르신 그들을 또한 의롭다 하시고 의롭다 하신 그들을 또한 영화롭게 하셨느니라. (롬 8:30)
- 그 기쁘신 뜻대로 우리를 예정하사 예수 그리스도로 말미암아 자기의 아들들이 되게 하셨으니 이는 그가 사랑하시는 자 안에서 우리에게 거저 주시는 바 그의 은혜의 영광을 찬송하게 하려는 것이라. (엡 1:5-6)

적용이 있는 묵상

구원에 있어서 인간의 역할 및 책임 없이 하나님께서 모든 것을 다 하신다는 주장은 신학적으로 문제가 있는 주장입니다. 이를 하이퍼 칼뱅주의(Hyper-Calvinism)적 구원관 혹은 반율법주의(Antinomianism)적 구원관이라고 부릅니다. 하나님께서 모든 것을 다 하시는 것이 아니라 구원의 시작점이 하나님으로부터 시작된다는 것을 옳게 이해하는 것이 가장 중요합니다. 시작점은 하나님의 은혜이지만 그 은혜에 반응해 바른 행위를 낳는 역할과 책임은 신자에게 있습니다.

거듭난다는 것은
무엇인가요?

신학이 있는 답변

다시 태어난다는 것을 '거듭남'이라고 부릅니다. 이를 중생(重生, regeneration)이라고도 표현합니다. 다시 태어난다는 것은 육체적으로 다시 태어나는 것을 뜻하는 것이 아닙니다. 오히려 중생은 하늘로부터 오는 영적인 재창조 행위를 뜻합니다. 죄로 인해 본질상 진노의 자녀인 타락한 영혼에 하나님의 새로운 본성의 씨앗이 심겨져 영적으로 완전히 새로운 자로 다시 태어나는 것입니다.

중생 사역은 하나님의 단동 사역(monergistic work)입니다. 즉 하나님께서 홀로 일하시는 사역입니다. 그러므로 중생 사역은 신비 중의 신비입니다. 하나님께서 새로운 본성의 씨앗을 인간의 이성으로는 알 수 없는 방법으로 우리 영혼에 심어 주시기 때문입니다.

새로운 본성의 씨앗이 우리 영혼에 심겨져 거듭나게 되면 우리의 방향성이 바뀝니다. 중생 전에는 사탄의 권세 아래 거하여 늘 죄악 가운데 탐닉했다면, 중생 이후에는 신령한 복을 추구할 능력이 생기게 되고 죄와 싸우려는 의지를 품을 수 있게 됩니다. 즉 타락 후 본질상 진노의 자녀에서 중생 이후에는 하나님의 자녀로 새롭게 거듭나게 되는 것입니다.

중생은 하나님의 단독 사역이므로 거듭난 자 그 누구도 중생의 이유와 조건을 자기 자신에게로 돌릴 수 없습니다. 믿음이 있었기에 중생된 것이 아니며, 선행을 베풀었기 때문에 중생된 것도 아닙니다. 만약 인간의 믿음과 선행 때문에 중생된다면 그 중생은 인간이 이루어가는 중생입니다. 그러므로 거듭남의 어떠한 공로도 인간이 취할 수 없습니다.

거듭남의 은혜는 신비로운 것이기 때문에 성경은 이를 다음과 같이 표현합니다. "바람이 임의로 불매 네가 그 소리는 들어도 어디서 와서 어디로 가는지 알지 못하나니 성령으로 난 사람도 다 그러하니라"(요 3:8). 바람이 어디로 와서 어디로 가는지 모르는 것처럼 중생의 씨앗이 어디로부터 와서 어떻게 우리의 본성에 심겨지는지 유한한 인간은 알 길이 없습니다. 이처럼 거듭남의 은혜는 하나님의 신비로운 사역입니다.

참되게 거듭난 자는 삶 속에서 참된 거듭남의 열매들을 맺어야 합니다. 그것이 바로 마태복음 7장 20절이 말하고 있는 바입니다. "이러므로 그들의 열매로 그들을 알리라." 만약 나무의 됨됨이가 바르고 건강하다면 반드시 열매를 맺을 것입니다. 거듭난 신자의 삶도 마찬가지입니다. 참된 거듭남을 경험했다면 반드시 삶 속에서 거듭남의 열매들이 주렁주렁 맺혀야 합니다. 거듭남의 씨앗은 그냥 죽은 채 정적으로 존재하지 않기 때문입니다.

깨달음이 있는 성경 구절

• 예수께서 대답하시되 진실로 진실로 네게 이르노니 사람이 물과 성령으로 나지 아니하면 하나님의 나라에 들어갈 수 없느니라 육으로 난 것은 육이요 영으로 난 것은 영이니 내가 네게 거듭나야 하겠다 하는 말을 놀랍게 여기지 말라 바람이 임의로 불매 네가 그 소리는 들어도 어디서 와서 어디로 가는지 알지 못하나니 성령으로 난 사람도 다 그러하니라. (요 3:5-8)

적용이 있는 묵상

생명이 있는 것은 반드시 성장하기 마련입니다. 거듭남의 씨앗 또한 마찬가지입니다. 거듭남의 씨앗은 새로운 본성의 씨앗으로 강한 운동력과 활력이 있는 씨앗입니다. 참된 거듭남을 경험했는데도 삶이 지체되어 있고 아무런 열매를 맺고 있지 못하다면 다시 한 번 거듭남 그 자체의 건강함에 대해 진지하게 고민해 봐야 합니다. 거듭나지 않으면 구원의 길로 들어갈 수 없습니다. 거듭남의 은혜를 갈구하며 주님 앞에 겸손하게 무릎 꿇어야 하는 이유가 바로 여기에 있습니다.

마음을 돌이킨다는 것은
무엇인가요?

운전을 하다 보면 유턴(U-turn) 표시를 급히 찾을 때가 있습니다. 왔던 길이 잘못되었다는 것을 깨닫고 다시 되돌아가려면 반드시 유턴 표시가 있는 곳에서 차를 돌려야 하기 때문입니다. 유턴 표시는 차의 진행 방향성을 완전히 뒤바꿀 수 있는 표시입니다.

구원에 있어서 유턴과 같은 개념을 회심(回心, conversion)이라고 합니다. 거듭남의 은혜로 삶의 영적인 방향성을 바꾸는 마음의 돌이킴이 일어나는 것입니다.

회심은 크게 두 가지 요소로 구성됩니다. 첫째는 믿음입니다. 믿음은 하나님께서 신자에게 베푸시는 은혜의 선물입니다(엡 2:8). 예수 그리스도를 믿고 그와 연합하여 그리스도께서 사셨던 삶의 방향성대로 살겠다는 믿음의 다짐이 중생의 은혜 이후 신자에게 임하게 됩니다. 둘째는 회개(悔改, repentance)입니다. 참된 회심은 참된 회개를 동반합니다. 회개란 과거의 잘못을 깨닫고 뉘우

처 옳은 길로 가는 것입니다. 예수 그리스도를 믿는 믿음으로 참된 통회의 회개를 해 옛 자아의 마음에서 새 자아의 마음으로 돌이키는 것이 바로 참된 회심입니다.

기독교 구원론에서 '믿음'은 핵심 중의 핵심입니다. 믿음은 우선 참된 믿음의 대상이 필요합니다. 참된 믿음의 대상에 대한 정확한 지식은 구원에 이르는 믿음을 고취시킵니다. 하지만 단순히 지적 동의로만 믿음의 요소가 구성되는 것은 아닙니다. 믿음의 대상에 대한 참된 지식(true knowledge)은 믿음의 대상에 대한 인격적 신뢰(trust)와 의존(dependence)에까지 이어지고, 그 후 의지(will)를 품어 믿음의 대상을 사랑하고 믿음의 대상의 삶을 기쁨으로 좇는 행동을 능동적으로 취하기 시작합니다. 이것이 야고보 사도가 말했던 "행함이 없는 믿음은 죽은 믿음"이라는 표현이 뜻하는 바입니다(약 2:26).

하나님께서 효과적으로 부르시고 거듭남의 은혜를 허락하시면 우리는 믿음을 통하여 참된 회개의 삶을 사는 회심자로서의 정체성을 누릴 수 있습니다. 더 이상 악한 마귀의 자녀로 살지 않고, 하나님의 거룩한 백성으로서의 돌이킨 마음을 품고 살아갈 수 있습니다.

- 너희는 여호와를 만날 만한 때에 찾으라 가까이 계실 때에 그를 부르라 악인은 그의 길을, 불의한 자는 그의 생각을 버리고 여호와께로 돌아오라 그리하면 그가 긍휼히 여기시리라 우리 하나님께로 돌아오라 그가 너그럽게 용서하시리라. (사 55:6-7)
- 유대인과 헬라인들에게 하나님께 대한 회개와 우리 주 예수 그리스도께 대한 믿음을 증언한 것이라. (행 20:21)

적용이 있는 묵상

구원에 이르게 하는 처음 믿음과 처음 회개는 참된 회심과 결부되어 우리 삶 속에서 단회적으로 일어나지만, 참된 회심의 결과로서의 믿음과 회개의 기능은 신자의 삶 전체에 걸쳐 지속적으로 일어나야 합니다. 만약 매일매일 죄를 향한 진지한 고뇌와 아픔, 처절한 묵상 및 회개가 없다면 그것은 신자로서 직무유기에 가깝습니다. 그러므로 바울의 다음과 같은 고백이 바로 우리의 고백이 되어야 합니다. "이제는 내가 사는 것이 아니요 오직 내 안에 그리스도께서 사시는 것이라 이제 내가 육체 가운데 사는 것은 나를 사랑하사 나를 위하여 자기 자신을 버리신 하나님의 아들을 믿는 믿음 안에서 사는 것이라"(갈 2:20). 주 예수 그리스도를 믿는 믿음 안에서 죄와 실존적으로 싸워 나가는 자들이 참된 회심을 경험한 참된 신자들입니다.

신자는 의인인가요, 죄인인가요?

'3장 인간이 궁금해요' 부분에서 살펴보았듯이 아담의 후손인 모든 사람은 다 원죄의 영향력 아래 있습니다. 즉 의인은 없으되 하나도 없습니다. 모두 다 죄인인 것입니다(참조. 롬 3장). 하지만 안타깝게도 죄인은 하나님 나라에 들어갈 수 없습니다. 무한하게 거룩한 하나님은 죄인과 일분일초도 함께하실 수 없기 때문입니다. 그러므로 하나님 앞에서 죄인인 모든 사람이 당면한 가장 시급한 문제는 '어떻게 이 죄인 됨을 극복할 것인가'입니다.

인간 스스로의 힘으로는 죄인 됨을 해결할 수 없습니다. 왜냐하면 죄인은 내부적으로 의로움을 스스로 창출할 수 없기 때문입니다. 그러므로 '외부적 의로움'이 필요합니다. 외부로부터는 오는 의로움만이 죄인 됨을 극복할 수 있는 원동력이 될 수 있습니다. 이를 신학에서는 의의 전가(轉嫁, imputation)라는 개념으로 설명합니다. 우리 바깥에 있었던 예수 그리스도의 의로움이 믿음을 통해 우리에게 법정적으로 넘어오는 것을 뜻합니다.

예수 그리스도의 의로움이 우리에게 전가되면 하나님의 눈으로 봤을 때 우리는 더 이상 죄인이 아닙니다. 죽어야 마땅한 죄인이 그리스도의 의로움의 공로에 힘입어 의인으로 여겨지고, 칭해지고, 간주됩니다. 이것을 칭의(稱義, justification)라고 합니다. 공의로운 심판자 되신 하나님께서 그리스도를 통해 죄인을 의롭다고 칭해 주는 것입니다.

그러므로 예수 그리스도 안에 있는 신자들은 모두 다 의인입니다. 하나님께서 의롭다 칭해 주시기 때문입니다. 그럼에도 불구하고 신자들 역시 삶 속에서 죄를 짓고 살아갑니다. 의롭다 칭함을 받았으면서 왜 우리는 계속해서 죄를 짓게 되는 것일까요? 그것은 바로 우리 본성 깊숙한 곳에 잠재되어 있는 원죄의 뿌리 깊은 영향력 때문입니다. 그러므로 신자의 정체성은 '의인인 동시에 죄인'입니다. 예수 그리스도의 의의 전가의 측면에서는 완전하게 의인이지만, 여전히 득세하는 인간 죄성의 측면에서는 여전히 죄인인 것입니다. 그러므로 독일의 1세대 종교개혁자 마르틴 루터는 신자의 정체성을 역설적으로 규정하여 '의로운 동시에 죄인'이란 표현을 사용한 것입니다.

옛 자아와 새 자아가 끊임없이 싸우는 모습을 바라보며 바울

사도는 다음과 같은 말을 남겼습니다. "오호라 나는 곤고한 사람이로다 이 사망의 몸에서 누가 나를 건져 내랴"(롬 7:24). 그럼에도 불구하고 예수 안에 있는 신자들에게는 결코 정죄함이 없습니다. 심판관인 하나님께서는 예수 그리스도의 보혈의 공로로 신자들에게 죄 있다 하지 않고 의롭다 칭해 주시기 때문입니다. 이러한 칭의는 주 예수 그리스도를 믿는 '믿음'으로 가능하게 됩니다. 이것이 곧 '이신칭의'(以信稱義, justification through faith)라는 표현이 뜻하는 바입니다. 하지만 믿음은 하나님께서 주시는 선물이므로 믿음의 공로가 믿은 당사자인 인간에게 있는 것은 아닙니다. 그러므로 칭의는 가장 큰 은혜요 감격입니다.

깨달음이 있는 성경 구절

- 그리스도 예수 안에 있는 속량으로 말미암아 하나님의 은혜로 값없이 의롭다 하심을 얻은 자 되었느니라. (롬 3:24)
- 너희는 그 은혜에 의하여 믿음으로 말미암아 구원을 받았으니 이것은 너희에게서 난 것이 아니요 하나님의 선물이라. (엡 2:8)

그리스도의 의로움은 우리 대신에 율법의 요구를 다 지키시고(능동적 순종), 죄의 형벌과 고난과 죽음을 우리 대신 당하신 일(수동적 순종)에 근거한 정금과도 같은 순결한 의로움입니다. 이러한 그리스도의 순종이 우리에게 전가되었기 때문에 우리는 하나님 앞에서 의인으로 칭함을 받을 수 있게 되었습니다. 그러므로 신자들은 예수를 잘 믿어야 합니다. 예수의 존재와 사역에 대해 정확히 이해하고 그 구원 사역을 잘 믿어야 합니다. 사실 예수를 잘 믿는 것이 모든 것입니다.

거룩한 삶을 산다는 것은 무엇인가요?

모두 다 죄의 달콤한 유혹을 탐닉하며 살고 있는 세속 사회에서 거룩함을 지키며 산다는 것은 결코 쉽지 않은 일입니다. 그렇다면 과연 거룩함을 지키며 산다는 것은 무엇일까요?

신학에서는 거룩한 삶을 사는 것을 성화(聖化, sanctification)라는 단어로 표현합니다. 성화란 예수 그리스도를 닮아가며 거룩하게 되어가는 것을 뜻합니다.

성화의 가장 기본적인 원리는 '구별 됨'입니다. 중생의 은혜로 참된 회심을 경험한 사람들은 그리스도를 믿는 믿음을 가지고 이 세상 속에서 살아가게 됩니다. 만약 바르고 건강한 믿음을 가지고 있다면 이 세상이 좇는 가치관을 그대로 좇으면서 살아갈 수 없습니다. 오히려 이 세상이 가는 방향과 반대 방향으로 거슬러 올라가는 것이 참된 믿음을 소유한 자의 자연스러운 자세입니다. 성경은 이를 '빛'과 '소금'의 역할로 표현합니다. 세속 사회는 영적으로 어둡고 썩어 있기 때문에 신자들은 그 어둠 속에 들어가 어둠을 밝히는 빛의 역할을 감당해야 하며, 동시에 썩어 있는 곳으로 들어가 소금을 뿌려 썩어 있는 살을 정화하고 새로운 살이 돋아나게 만드는 역할을 감당해야 합니다. 이는 세상의 가치관과 무분별하게 섞이지 않고 참된 믿음으로 세상의 가치관과 구별되는 삶을 사는 것을 의미합니다.

혹자는 인간이 주체적으로 성화를 한 땀 한 땀 해나간다고 생각합니다. 하지만 그것은 큰 착각입니다. 물론 인간이 의지를 품어 거룩한 삶을 살기 위해 노력하는 것이 성화의 기본 개념이지만, 성화의 시작점은 인간이 아니라 하나님입니다. 예수 그리스도와의 연합을 통해 그리스도의 거룩함이 우리에게 분여되어 거룩함의 길로 들어서는 원동력을 하나님께서 제공해 준 결과, 비로소 우리 인간들은 거룩한 삶을 살겠다는 의지를 품을 수 있게 되기 때문입니다. 그러므로 성화의 시작점은 하나님입니다. 하지만 일단 성화의 과정이 시작되면 인간의 역할과 책임이 분명하게 요구됩니다.

이 땅에서는 성화가 완성될 수 없습니다. 이 땅에서 성화가 완성될 수 있다는 주장은 완전주의(Perfectionism)라고 불리는 잘못된 주장입니다. 이 땅에서의 성화는 어제보다는 오늘이 오늘보다는 내일이 조금 더 예수를 닮아가는 삶을 사는 것입니다. 이를 점진적 성화(progressive sanctification)라고 부릅니다. 신자는 평생을 통해 점진적으로 거룩해지는 삶을 살아야 합니다. 점진적 성화의 완성은 예수 그리스도의 재림 때 비로소 이루어집니다.

깨달음이 있는 성경 구절

- 오직 주 예수 그리스도로 옷 입고 정욕을 위하여 육신의 일을 도모하지 말라. (롬 13:14)
- 오직 사랑 안에서 참된 것을 하여 범사에 그에게까지 자랄지라 그는 머리니 곧 그리스도라. (엡 4:15)

적용이 있는 묵상

예수 그리스도께서는 열매가 없는 무화과나무를 향하여 책망하셨습니다(마 21:19). 신자라면 반드시 삶 속에서 거룩한 열매를 맺어야 합니다. 만약 거룩한 성화의 열매가 내 삶 속에 없다면 그 이유를 열매에서 찾아서는 안 됩니다. 오히려 나무의 뿌리와 줄기, 즉 믿음으로부터 잘못의 원인을 찾아야 합니다. 과연 나에게 참되고 바른 믿음이 있는지 고민해야 봐야 합니다. 왜냐하면 참되고 바른 믿음이야말로 신자의 삶의 뿌리며 신령한 열매들을 지속적으로 창출해내는 원동력의 근원적 역할을 감당하기 때문입니다.

어떻게 그리스도인으로
남아 있을 수 있을까요?

올림픽이나 월드컵과 같은 스포츠 게임에서는 아무리 뛰어난 팀이라도 언제든지 예선 탈락할 수 있는 가능성이 있습니다. 아무리 강팀이더라도 스포츠에서는 예선 통과가 따 놓은 당상은 아닙니다. 언제나 가변적인 상황에 따라 예선 탈락의 가능성이 존재하기 때문입니다.

그렇다면 우리의 구원은 어떨까요? 구원도 탈락 가능성이 있을까요? 구원은 스포츠와 다릅니다. 만약 어떤 사람이 참된 구원을 받았다면 그 참된 구원은 탈락 가능성이 없습니다. 그 이유는 그 구원의 근거는 영원 전 하나님의 불변적 선택이기 때문입니다.

하나님께서는 참된 신자에게 견인(堅忍, perseverance)의 은혜를 주십니다. 견인의 은혜란 아무리 힘든 상황 속에서도 끝까지 그리스도인으로 남아 있을 수 있게끔 '견디고 인내하는' 힘을 신자들에게 부어 주신다는 의미입니다. 힘들고 고통스러운 상황 가운데 주의 이름을 위하여 순교하는 자들에게 하나님께서는 견인의 은혜를 주실 것입니다. 이 세상 가치관에 역행해 다각도로 핍박받으며 힘겹게 살아가는 이 땅의 모든 그리스도인에게 하나님께서는 견인의 은혜를 주실 것입니다. 하나님은 자신의 자녀를 고통 가운데 그냥 무책임하게 내버려두시지 않습니다. 언제나 피할 길을 열어 주시고 감당할 시험만을 허락하시는 분이 참으로 복되고 선하신 우리 하나님 아버지이십니다.

그렇다면 믿음을 저버리는 사람들, 즉 배도(背道, apostasy)하는 사람들을 어떻게 이해할 수 있을까요? 그들에게는 하나님의 견인의 은혜가 미치지 않은 것일까요? 그들은 왜 견디지 못하고 결국 믿음을 저버리고 배도의 길을 걸어갈까요? 아마도 누군가가 배도를 했다면 그 사람은 본래 참된 믿음이 있는 신자가 아니었다고 볼 수 있습니다. 중생 후 회심을 한 것처럼 보였지만 그 회심은 참된 회심이 아니었을 수도 있습니다. 왜냐하면 만약 중생 후 참된 회심을 했다면 하나님께서 견인의 은혜로 그를 인도 보호 하셨을 것이기 때문입니다.

누가 참된 신자이고 누가 거짓 신자인지는 인간의 눈으로 볼 때 판단 불가합니다. 이는 중심을 보시는 하나님만 정확히 판단 가능합니다(삼상 16:7). 그러므로 구원에 있어서는 항상 하나님께만 절대 주권을 올려 드려야 합니다. 인간의 눈은 죄로 왜곡되어 있어 불완전하며 정확하지 않기 때문입니다.

깨달음이 있는 성경 구절

- 내가 그들에게 영생을 주노니 영원히 멸망하지 아니할 것이요 또 그들을 내 손에서 빼앗을 자가 없느니라 그들을 주신 내 아버지는 만물보다 크시매 아무도 아버지 손에서 빼앗을 수 없느니라. (요 10:28-29)
- 너희 안에서 착한 일을 시작하신 이가 그리스도 예수의 날까지 이루실 줄을 우리는 확신하노라. (빌 1:6)
- 주는 미쁘사 너희를 굳건하게 하시고 악한 자에게서 지키시리라. (살후 3:3)

적용이 있는 묵상

하나님께서 신자를 끝까지 붙드시는 이유는 은혜언약(恩惠言約, the Covenant of Grace) 가운데 신자들이 위치하기 때문입니다. 은혜언약은 무조건적이고 일방적인 언약입니다. 하나님께서는 우리가 무엇을 했기 때문에 우리를 사랑하시는 것이 아니라 아무런 조건 없이 일방적으로 무한한 사랑과 관심을 우리에게 주십니다. 그러므로 은혜언약에 대한 깊이 있는 묵상의 결과는 감사와 찬양과 감격밖에 없습니다. 은혜언약이 굳건한 견인을 이끕니다.

구원의 완성은
무엇인가요?

타락으로 인해 온 피조 세계가 고통받고 있습니다. 타락의 결과는 실로 끔찍합니다. 인간 실존 깊숙한 곳까지 잠식해 들어온 질병의 고통과 사망의 어두움, 인간 사회 속에 존재하는 모든 부조리와 부패, 반목과 갈등 등은 모두 다 죄의 결과입니다. 이 세상 만물 또한 타락의 결과로 신음하고 있습니다. 환경오염과 전쟁, 환경 호르몬의 역습, 창조 질서 파괴 등 이 모든 왜곡의 궁극적인 원인은 '죄'입니다. 죄가 들어오기 전에는 모든 것이 다 선했고 아름다웠기 때문입니다(참조. 창 1장).

구원의 완성은 타락으로 왜곡된 것들의 궁극적인 회복입니다. 작게는 개개인의 회복이며, 크게는 온 우주 만물의 회복입니다.

첫째, 구원의 개인적 완성은 영화(榮化, glorification)입니다. 효과적 부르심을 통해 거듭남의 은혜를 누리고 참된 회심으로 믿음을 선물로 받아 칭의와 성화와 견인의 은혜를 누리는 참된 신자의 마지막 구원의 단계가 바로 영화입니다. 완전히 영광스러운 몸으로 재탄생되는 것입니다. 궁극적인 영화는 예수 그리스도께서 다시 오실 때 일어나게 되는데, 이때 우리의 몸은 영광스러운 부활체로 덧입게 될 것입니다. 신자가 영화되면 이제 더 이상 죄의 모습으로 남아 있을 수 없게 됩니다. 죄를 지을 의지 자체가 제거되는 순간이 되기 때문입니다.

둘째, 구원의 전 우주적 완성은 새 하늘과 새 땅입니다. 타락으로 인해 왜곡되었던 전 우주 만물이 그리스도의 재림 때 다시금 회복되고 완성될 것입니다. 이러한 전 우주적 회복의 자리에서 신자들이 부활체를 입고 주님과 더불어 영원토록 거하게 될 것입니다.

구원의 완성은 하나님 나라(the Kingdom of God)의 완성이기도 합니다. 예수 그리스도께서 이 땅에 내려오신 성육신 사건을 초림(初臨, the First Coming of Christ)이라고 합니다. 이미 초림 때 하나님 나라가 현재적으로 임했습니다. 왜냐하면 예수 그리스도께서 이 땅에 오셔서 천국 복음을 전하셨고 병을 고치시고 귀신을 쫓아내신 사건을 통하여 하나님 나라가 임했기 때문입니다. 비록 그리스도의 초림을 통해 현재적 하나님 나라는 임했지만, 온전히 완성된 하나님 나라가 임한 것은 아닙니다. 완성된 하나님 나라를 미래적 하나님 나라라고 칭하는데 그 이유는 그리스도의 재림이 아직 성취되지 않았기 때문입니다. 미래적 하나님 나라는 재림 때 신자들의 부활과 함께 완성될 것입니다.

깨달음이 있는 성경 구절

- 보라 내가 너희에게 비밀을 말하노니 우리가 다 잠 잘 것이 아니요 마지막 나팔에 순식간에 홀연히 다 변화되리니 나팔 소리가 나매 죽은 자들이 썩지 아니할 것으로 다시 살아나고 우리도 변화되리라. (고전 15:51-52)
- 모든 눈물을 그 눈에서 닦아 주시니 다시는 사망이 없고 애통하는 것이나 곡하는 것이나 아픈 것이 다시 있지 아니하리니 처음 것들이 다 지나갔음 이러라. (계 21:4)

적용이 있는 묵상

병이 있는 분, 몸에 큰 상처가 있는 분, 장애가 있는 분, 나이가 들어 노약한 분, 정신적으로 박약한 분, 그 외의 어떠한 연약한 모습이 있는 분이더라도 자신의 처지를 너무 비관하거나 실망할 필요는 없습니다. 신자의 마지막은 비참함과는 거리가 있는 영광스러

운 순간이 될 것이기 때문입니다. 이것이 바로 신자들이 가져야
할 종말론적 기대요 소망입니다.

6장

—

교회가 궁금해요

교회 건물이
교회인가요?

많은 사람이 교회에 대해 착각하고 있는 것 중 가장 치명적인 착각이 교회가 곧 교회 건물 혹은 교회당 그 자체라는 착각입니다. 교회를 교회 건물 그 자체와 등치시키는 사고방식은 교회의 외형, 교회 건물의 크기, 규모 등에 집착하게 만들어 교회의 본질 자체를 희석시키는 방향성을 갖게끔 만듭니다. 이는 교회의 본질을 제대로 이해하는 데 있어 치명적인 장애물을 지속적으로 재생산해 냅니다.

그렇다면 교회란 무엇일까요? 교회는 크게 두 관점으로 생각해 볼 수 있습니다.

첫째는 불가시적(不可視的) 혹은 무형적(無形的) 교회입니다. 불가시적(무형적) 교회란 물질적인 형체에 방점을 찍지 않는 영적인 교회입니다. 불가시적(무형적) 교회는 예수 그리스도를 구주로 고백하는 사람들이 모인 무리들의 총수(total)로 구성되는데, 이 무리의 총수는 영원 전에 선택된 자들의 총수와 동일합니다. 예수 그리스도의 이름으로 하나로 모였던, 그리고 지금도 모이고 있는, 또한 장차 모여질 무리들이 곧 불가시적(무형적) 교회입니다. 그러므로 불가시적(무형적) 교회는 어떤 특정 지역에 특정 건물로 존재하는 지역적 교회 개념이라기보다는 그리스도를 믿는 참된 믿음으로 묶인 보편적 혹은 전세계적 교회를 뜻합니다.

둘째는 가시적(可視的) 혹은 유형적(有形的) 교회입니다. 가시적(유형적) 교회는 현재 지상에 존재하는 교회이기 때문에 육신의 눈으로 볼 수 있는 교회입니다. 위에서 살펴본 불가시적(무형적) 교회가 선택받은 알곡들로만 구성되어 있다면, 가시적(유형적) 교회는 알곡과 가라지 즉 참된 신자와 거짓 신자가 혼합되어 있는 특징을 가집니다(마 13:24-30). 가시적(유형적) 교회는 교회 정치, 교회 직분, 말씀과 성례전의 집행 등 조직체로서의 교회의 특징을 가집니다.

신자들은 불가시적(무형적) 교회만을 바라며 가시적(유형적) 교회를 무시해서는 안 됩니다. 반대로 지나치게 가시적(유형적) 교회의 외형적 모습들에만 집착해서도 안 됩니다. 참된 신자는 가시적(유형적) 교회 안에서 불가시적(무형적) 교회를 궁극적으로 바라보며 최선을 다해 신앙생활을 하는 자가 되어야 합니다.

가시적(유형적) 교회는 현재 이 땅에 존재하는 교회이기 때문에 언제나 악한 흑암의 세력과 싸워 나가는 '전투적 교회'입니다. 하지만 불가시적(무형적) 교회는 장차 완성될 새 하늘과 새 땅에서 온전히 성취되는 교회이기 때문에 '승리적 교회'(계 21:4)라고도 부릅니다. 이 땅에서의 영적 전투가 아무리 힘들어도 신자들은 좌절해서는 안 됩니다. 왜냐하면 신자들은 승리적 교회의 일원으로 이미 확증을 받았기 때문입니다!

깨달음이 있는 성경 구절

- 고린도에 있는 하나님의 교회 곧 그리스도 예수 안에서 거룩하여지고 성도라 부르심을 받은 자들과 또 각처에서 우리의 주 곧 그들과 우리의 주 되신 예수 그리스도의 이름을 부르는 모든 자들에게 하나님 우리 아버지와 주 예수 그리스도로부터 은혜와 평강이 있기를 원하노라. (고전 1:2-3)

- 자기 앞에 영광스러운 교회로 세우사 티나 주름 잡힌 것이나 이런 것들이 없이 거룩하고 흠이 없게 하려 하심이라. (엡 5:27)

교회를 바라볼 때 육적인 것들보다는 영적인 것들에 집중해야 합니다. 하나님은 교회의 참됨을 평가할 때 물질적인 시각으로 평가하지 않으십니다. 그러므로 교회는 교회 회원들의 영혼의 거듭남에 집중해야 합니다. 거듭난 영혼만이 불가시적(무형적) 교회의 참된 회원이 되기 때문입니다.

교회 주인은
목사님인가요?

아직 어린 주일학교 학생들은 교회의 주인이 목사님인 줄 압니다. 목사님 성함이 주보 맨 앞에 적혀 있고, 매 주일마다 목사님이 강단에서 설교를 하고, 행사가 있을 때마다 목사님이 앞에서 진행하기 때문입니다. 하지만 교회의 주인은 목사가 아닙니다. 만약 어떤 교회의 주인이 목사라면 그 교회는 거짓 교회가 되는 지름길로 스스로 걸어 들어가는 것입니다.

그렇다면 교회의 주인은 누구일까요? 교회의 주인은 '주 예수 그리스도'이십니다. 성경에서는 이를 '교회의 머리'라는 단어로 표현합니다. 성경은 지속적으로 예수 그리스도께서 교회의 유일한 머리라고 가르칩니다. 교회는 유기체와 같습니다. 예수 그리스도를 머리로 두고 신자들이 그 머리 아래 몸과 지체가 되어 그리스도와 한 몸을 이루어 성장해 나가는 것입니다. 손과 발이 머리의 지배를 받지 않고 따로 논다면 그 몸은 온전한 기능을 다하지 못할 것입니다. 교회도 마찬가지입니다. 그리스도를 머리로 둔 유기체인 교회는 성도들 각자의 소견에 옳은 대로 멋대로 행동해서는 안 됩니다. 참된 교회는 머리이신 그리스도의 말씀과 명령을 함께 청종하며 함께 순종하는 공동체가 되어야 합니다. 교회의 주인은 예수 그리스도이시기 때문입니다.

16세기 종교개혁자들은 중세의 로마 가톨릭 교회와 치열하게 싸워 나갔던 사람들이었습니다. 종교개혁자들은 로마 가톨릭 교회를 '거짓 교회'라고 불렀습니다. 왜냐하면 로마 가톨릭 교회가 교황을 교회의 머리 혹은 예수 그리스도의 유일한 대리자로 가르쳤다고 판단했기 때문입니다. 그러므로 종교개혁자들은 로마 가톨릭 교회를 향해 적그리스도 혹은 멸망의 아들이라고까지 부르며 강하게 비판했습니다. 왜냐하면 교회의 머리는 오로지 예수 그리스도 외에는 그 누구도 될 수 없다고 생각했기 때문입니다.

교회는 신자들의 모임입니다. 신자라는 것은 언제나 믿음의 대상이 필요합니다. 만약 믿음의 대상이 흔들리거나 엉뚱한 것을 믿음의 대상으로 설정한다면, 그런 사람들이 모인 무리는 더 이상 참된 교회가 될 수 없습니다. 참된 교회의 핵심은 예수 그리스도를 교회의 머리로 두고 그의 말씀을 함께 청종하는 것입니다. 두 주인을 함께 섬길 수는 없습니다. 교회의 주인인 예수 그리스도의 말씀만 따르고 섬겨야 합니다.

- 또 만물을 그의 발 아래에 복종하게 하시고 그를 만물 위에 교회의 머리로 삼으셨느니라 교회는 그의 몸이니 만물 안에서 만물을 충만하게 하시는 이의 충만함이니라. (엡 1:22-23)
- 그는 몸인 교회의 머리시라 그가 근본이시요 죽은 자들 가운데서 먼저 나신 이시니 이는 친히 만물의 으뜸이 되려 하심이요. (골 1:18)

이단 사이비 종교의 특징은 교회의 머리 됨을 왜곡하는 것입니다. 즉 교회의 머리이신 예수 그리스도를 따르라고 가르치는 것이 아니라 특정 교주의 말씀을 따르라고 가르칩니다. 이는 교회의 본질을 호도하고 왜곡하는 심각한 신성모독 행위입니다. 하지만 이러한 문제점은 단순히 이단 사이비 교회의 문제점만이 아닌 것이 더 큰 문제입니다. 정통 교회 내에서도 예수 그리스도보다 자신을 더 교회의 머리로 두고 싶어 하는 사람들이 일견 많아 보입니다. 교회 개척 멤버라든가, 헌금 봉사를 많이 하신 분이라든가, 강력한 카리스마를 가진 목회자들의 의식 구조를 자세히 뜯어 보면 마치 자기 자신이 교회의 주인인양 행세할 때가 많습니다. 이것은 매우 안타까운 일입니다. 신자들은 다시 한 번 교회의 머리 됨에 대한 진지한 묵상을 해야 하며 말씀이 가르치는 바에 비추어 그 묵상의 결과대로 살아가야 합니다.

목사님, 장로님, 집사님은 누군가요?

하나님께서는 가시적(유형적) 교회 안에 성도들을 모으시고 완전하게 만들기 위해 교회 내에 직분자들을 세우셨습니다. 이를 항상 교회 내에서 통상적으로 존재해 활동하는 직임을 맡는다고 해서 '항존직'이라고 합니다. 항존 직분자는 목사, 장로, 집사가 있습니다. 하나님께서는 목사, 장로, 집사를 통해서 자신의 언약의 말씀 선포와 규례의 시행 그리고 구제와 교육 사역을 맡기셨습니다.

목사(牧師, Pastor)는 하나님 말씀을 가르치는 사역에 방점을 찍으며 사역하는 직분자입니다. 예배 가운데 하나님의 진리의 말씀이 성령 안에서 효력 있게 전해지고 실행될 수 있도록 하나님의 말씀과 교리를 최선을 다하여 가르치는 일이 목사의 가장 중요한 사역 중 하나입니다.

장로(長老, Elder)는 교회를 치리하고, 다스리고, 감독하는 역할을 하는 교회의 직분자입니다. 신약 성경에서 '장로'와 '감독'이라는 표현은 상호 교차적으로 사용됩니다(딤전 3:1; 4:14). 위에서 살펴본 목사도 교회의 장로 중 하나입니다. 장로는 '교회를 감독하고 다스리는 장로'와 '말씀을 전하고 가르치는 장로'로 구별할 수 있는데 성경은 말씀을 전하고 가르치는 장로를 '목사'라고 부르기 때문입니다.

집사(執事, Deacon)는 가난한 자들을 구제하는 봉사의 일에 방점을 찍으며 사역하는 교회의 직분자입니다(행 6:1-6). 집사들은 교회의 구성원들의 형편을 돌아보며, 교회 내에서 사랑으로 서로 배려하는 역할을 감당합니다.

목사, 장로, 집사 사이에는 어떠한 종류의 계급 관계나 주종 관계, 상하 관계가 존재하지 않습니다. 하나님께서 교회 안에 세우신 직분자들은 모두 다 하나님 앞에서 존귀하고 거룩한 하나님의 일꾼들입니다. 직임과 임무에서 차이가 있을 뿐이지 직분 간 우열이나 귀중함의 차이는 전혀 없습니다. 그러므로 직분자끼리 서로 군림하려 들거나, 특정 직분을 무시한다거나, 혹은 지나치게 높이는 행위들은 예수 그리스도의 한 몸 된 교회의 지체로서 본질적으로 해서는 안 될 행위들입니다.

- 그가 어떤 사람은 사도로, 어떤 사람은 선지자로, 어떤 사람은 복음 전하는 자로, 어떤 사람은 목사와 교사로 삼으셨으니 이는 성도를 온전하게 하여 봉사의 일을 하게 하며 그리스도의 몸을 세우려 하심이라. (엡 4:11-12)
- 잘 다스리는 장로들은 배나 존경할 자로 알되 말씀과 가르침에 수고하는 이들에게는 더욱 그리할 것이니라. (딤전 5:17)

적용이 있는 묵상

현재 교회들이 당면한 문제는 실로 다양합니다. 그중에 하나가 바로 '성경적 직분론'이 무너진 것입니다. 이제 교회는 다시 한 번 성경적 직분론이 바르게 흥왕하도록 함께 중지를 모아야 합니다. 목사는 하나님의 말씀을 바로 선포하는 것에 집중해야 하며, 장로는 말씀과 사랑 안에서 교회를 다스리고 치리해야 하며, 집사는 기쁨과 감사를 가지고 어려운 사람들을 구제하며 연약한 성도들을 보살펴야 합니다. 목사는 목사다워야 하며, 장로는 장로다워야 하며, 집사는 집사다워야 합니다. 말씀 안에서 존경받고 사랑받는 목사 장로 집사들이 많아지면 많아질수록 주님의 몸 된 교회는 더욱 더 든든히 서 갈 것입니다.

설교는
왜 하는 건가요?

믿음이 부족한 사람들에게 설교 시간은 가장 버티기 힘들고 지루한 시간일 것입니다. 특히 나른한 주일 오전 예배 시간에 평안한 교회 의자에 앉아 설교를 듣는 것은 졸음과 치열하게 싸워야 하는 역전고투의 장일 것입니다.

하지만 설교 시간만큼 중요한 시간은 없습니다. 왜냐하면 하나님께서는 설교 시간을 통하여 성도들에게 은혜를 베풀어 주시기 때문입니다. 그러므로 설교를 '은혜의 방편'이라고 합니다. 은혜를 받아 누리는 통로라는 뜻입니다. 설교를 통하여 하나님의 언약의 말씀이 풀이되며 그리스도의 십자가 사역이 강론될 뿐만 아니라, 하나님께서는 복음의 말씀을 통해 믿음을 고취시키고 의지를 새롭게 만들어 주셔서 말씀 안에서 열매 맺는 삶을 살도록 신자들에게 은혜를 베풀어 주십니다.

신자들은 '믿는 사람'이라는 뜻인데 믿음이 생기기 위해서는 반드시 하나님의 말씀을 들어야 합니다. 성경은 이를 다음과 같이 표현합니다. "그러므로 믿음은 들음에서 나며 들음은 그리스도의 말씀으로 말미암았느니라"(롬 10:17). 말씀은 능력이 있습니다. 왜냐하면 하나님의 말씀은 "살았고 운동력이 있어 좌우에 날선 어떤 검보다도 예리하여 혼과 영과 및 관절과 골수를 찔러 쪼개기까지 하며 또 마음의 생각과 뜻을 감찰"(히 4:12)하기 때문입니다.

설교를 전하는 자도 중요하지만 설교를 듣는 자의 태도와 자세도 매우 중요합니다. 웨스트민스터 대교리문답 160문답에 잘 설명되어 있는 것처럼 설교를 듣는 사람들은 부지런한 태도, 기도하는 마음, 준비된 마음, 말씀을 믿음과 사랑과 온유함과 간절한 마음으로 받아들이는 마음, 설교를 묵상하고, 마음속에 간직하고, 삶 속에서 열매를 맺는 일을 해야 합니다. 이 모든 일은 성령의 조명하심과 은혜가 반드시 필요합니다.

성경은 말씀을 받는 자의 마음 밭에 대해 가르치고 있습니다 (마 13장). 혹시라도 내 마음이 길가에 있는 밭은 아닌지, 혹은 돌짝밭은 아닌지, 가시밭은 아닌지 고민해 볼 필요가 있습니다. 만약 설교를 듣는 우리의 마음 밭이 옥토 밭이라면 말씀의 씨앗이 든든히 심겨져 삼십 배, 육십 배, 백배의 결실을 맺을 것입니다.

'5장 구원이 궁금해요'에서 살펴보았듯이 각종 구원 은혜의 선물들(부르심, 중생, 회심, 믿음, 회개, 칭의, 성화, 견인 등)은 성령 안에서 하나님의 복된 복음의 말씀을 통해 신자 개개인에게 효과적으로 적용될 것입니다. 신자에게 설교 말씀은 생명줄과도 같습니다. 그러므로 신자들은 반드시 말씀을 사모해야 합니다!

깨달음이 있는 성경 구절

- 누구든지 주의 이름을 부르는 자는 구원을 받으리라 그런즉 그들이 믿지 아니하는 이를 어찌 부르리요 듣지도 못한 이를 어찌 믿으리요 전파하는 자가 없이 어찌 들으리요 보내심을 받지 아니하였으면 어찌 전파하리요 기록된 바 아름답도다 좋은 소식을 전하는 자들의 발이여 함과 같으니라. (롬 10:13-15)
- 그러므로 믿음은 들음에서 나며 들음은 그리스도의 말씀으로 말미암았느니라. (롬 10:17)

적용이 있는 묵상

혹시 예배 순서 가운데 찬양 시간은 좋아하는데 설교 시간은 버티기 힘드신가요? 성도들과 삶을 나누며 교제하는 것은 재밌고 즐거운데 설교 시간은 재미가 없으신가요? 개인적으로 성경을 읽고, 관련 책을 읽으며, 설교를 듣고, 묵상하는 시간을 정기적으로 갖다 보면 하나님께서 은혜 주셔서 말씀을 사모하는 힘을 불어넣어 주실 것입니다. 말씀이 삶을 이끌고, 삶이 말씀을 투영하는 복된 경험을 하는 것은 신자들만이 경험할 수 있는 특권입니다!

빵과 포도즙은
왜 먹고 마시는 건가요?

신학이 있는 답변

예수 그리스도께서 부활 승천하신 후 초대교회는 그리스도의 몸과 피를 기념하며 빵과 포도즙을 함께 마시는 성찬식을 주기적으로 거행했습니다. 교회를 박해했던 사람들은 이를 빌미로 교회를 식인(食人) 집단으로 규정하였고 온갖 유언비어와 함께 교회를 핍박했습니다. 왜냐하면 그리스도의 몸과 피를 먹는다는 표현과 개념이 마치 사람을 먹고 마시는 것으로 쉽게 오해되었기 때문입니다. 하지만 이는 성찬식의 본질에 대한 오해였습니다.

교회에서 빵과 포도즙을 함께 나누어 먹고 마시는 의식 행위를 성찬, 성만찬, 주의 만찬 등으로 표현합니다. 성만찬은 주 예수 그리스도께서 직접 제정하신 의식으로 그리스도께서 십자가에서 몸을 찢기심과 피 흘리심, 그리고 죽으심을 빵(그리스도의 몸)과 포도즙(그리스도의 피)으로 상징적으로 표현하여 그리스도의 속죄 사역을 영속적으로 기억하기 위한 것입니다.

로마 가톨릭 교회 같은 경우에는 사제나 신부가 빵과 포도즙에 봉헌 혹은 축복하면 빵과 포도즙의 실체가 그리스도의 몸과 피의 실체로 실제적으로 변한다고 가르칩니다. 이를 화체설(化體說, transubstantiation)이라고 부릅니다. 그러나 이러한 화체설의 입장에서 성찬을 이해할 경우, 성찬이 미신적인 행위로 발전되거나 우상숭배의 여지를 만들 수 있다는 점에서 개신교회에서는 화체설을 줄곧 거부했습니다.

예수 그리스도를 교회의 머리에 두고 같은 신앙고백을 하는 참된 신자들의 모임인 바른 교회 공동체는 빵과 포도즙을 함께 먹고 마시며 예수 그리스도의 영적인 임재를 함께 경험하는 은혜를 누리게 됩니다. 빵과 포도즙의 실체가 물질적으로 변하는 것이 아니라 예수 그리스도의 십자가 사역의 유익을 그리스도와의 연합 상태에서 영적으로 함께 공유하여 십자가 속죄 사역의 은택을 교회 공동체 전체가 함께 영적으로 받아먹게 되는 것입니다.

앞에서 살펴보았던 '설교'가 보이지 않는 하나님의 말씀이 선포되는 순간이라면, 지금 살펴보고 있는 '성찬'은 보이는 하나님의 말씀을 함께 먹고 마시는 순간입니다. 그러므로 성찬은 예수 그리스도를 구세주로 고백·영접한 후 자기를 영적으로 돌아볼 줄 아는 경건한 사람들, 즉 신자들에 한해서 참여시켜야 하며 불

경건한 사람들은 이 거룩하고도 신비스러운 순간에 자의로 참여할 수 없습니다. 그리스도와 연합한 신자만이 이 복되고 신비로운 성찬식의 의미를 깨닫고 자기 몸을 분별하여 온전히 성찬식에 참여할 수 있습니다.

깨달음이 있는 성경 구절

- 내가 너희에게 전한 것은 주께 받은 것이니 곧 주 예수께서 잡히시던 밤에 떡을 가지사 축사하시고 떼어 이르시되 이것은 너희를 위하는 내 몸이니 이것을 행하여 나를 기념하라 하시고 식후에 또한 그와 같이 잔을 가지시고 이르시되 이 잔은 내 피로 세운 새 언약이니 이것을 행하여 마실 때마다 나를 기념하라. (고전 11:23-25)

적용이 있는 묵상

현대 사회에서 교회의 문턱은 점점 낮아지고 있습니다. 물론 교회의 문턱을 낮춰 복음으로의 진입 장벽을 낮추는 것은 보편적인 복음 전파 사역을 위해 필요할 수 있습니다. 그러나 교회가 지나치게 모든 것을 열어 아무나 세례를 주고, 아무나 성찬에 참여시키며, 아무나 직분을 주는 것은 가히 옳은 일이 아닙니다. 빵과 포도즙을 함께 주기적으로 먹고 마시는 것은 그리스도의 속죄 사역의 의미를 기억하고 예수 그리스도의 영적인 임재 안에서 옛 자아가 아닌 새 자아로서 살아가겠다는 다짐이 서려 있는 순간입니다. 그러므로 교회 구성원들을 성찬에 빨리 참여시키는 것이 교회의 시급한 당면 과제가 아니라, 오히려 교회 회원들을 바른 신자, 참된 신자, 거룩한 그리스도인으로 거듭나게 하는 사역이 교회의 보다 더 중요한 사역임을 기억해야 합니다.

세례는
왜 받는 건가요?

신학이 있는 답변

세례와 관련해 농담 반 진담 반 우스꽝스러운 이야기가 하나 있습니다. 교회를 청소하시는 분들이 세례식이 있는 날을 가장 싫어했다고 합니다. 왜냐하면 세례식이 끝난 후 강대상 쪽 바닥에 항상 물이 흥건하여 청소하기 까다롭기 때문이라는 것입니다. 우스운 이야기지만 이 이야기 속에 담겨진 진리 하나는 세례식은 반드시 '물'과 함께 거행된다는 점입니다.

교회에 처음 오신 분들은 아마도 앞에서 살펴본 성찬식과 더불어 세례식 장면이 대단히 생소할 것입니다. 교단에 따라 다르긴 하지만 기본적으로 물을 뿌리거나 물에 몸을 담근 후 세례를 받기 때문입니다.

그렇다면 과연 세례는 무엇일까요? 세례는 성찬과 마찬가지로 예수 그리스도께서 제정하신 성례로서 예수 그리스도와 연합된 신자들이 물로 옛 자아가 죄 씻음 받는 것과 동시에 새 자아가 그리스도와 함께 다시 거듭남을 상징하는 공적인 예식입니다. 세례는 반드시 삼위일체 하나님 즉 성부와 성자와 성령의 이름으로 받아야 합니다. 세례를 주는 궁극적인 당사자는 교회의 직분자가 아니라 성 삼위일체 하나님이시기 때문입니다.

세례를 물과 함께 하는 것은 물로 죄를 씻는다는 상징적인 의미가 있기 때문입니다. 물을 뿌리는 것, 머리만 물에 담그는 것, 온 몸을 물에 담그는 것 등 여러 가지 세례의 방식들이 있지만 어떤 특정한 방식을 반드시 취해야 하는 것은 아닙니다. 세례의 방식이 진리의 문제는 아니기 때문입니다.

한 가지 반드시 기억할 점은 세례 그 자체에 능력이 있는 것은 아니라는 점입니다. 세례를 받은 결과가 구원이 아니라 구원을 받은 것에 대한 공적인 확증과 선포가 세례이기 때문입니다. 그러므로 세례는 아무나에게 베풀어져서는 안 됩니다. 예수 그리스도를 구세주로 고백하고 영접한 신자들에게만 베풀어져야 합니다.

세례는 성찬과 다르게 일평생에 걸쳐 단 한 번만 받는 예식입니다. 성찬은 교회의 상황에 따라 주기적으로 거행해 그리스도의 몸과 피를 항속적으로 기념하며 그의 영적인 임재 가운데 성도의 교제를 주기적으로 나누는 것이 좋습니다. 하지만 세례는 신자가 주기적으로 받는 것이 아닙니다. 세례는 그리스도와의 연합 가운데 옛 자아가 새 자아로 거듭난 것에 대한 공적인 확증이요 선포이기 때문에 신자의 삶 속에서 단 한 번만 받는 것입니다.

깨달음이 있는 성경 구절

- 그러므로 너희는 가서 모든 민족을 제자로 삼아 아버지와 아들과 성령의 이름으로 세례를 베풀고 내가 너희에게 분부한 모든 것을 가르쳐 지키게 하라 볼지어다 내가 세상 끝날까지 너희와 항상 함께 있으리라 하시니라. (마 28:19-20)
- 우리가 유대인이나 헬라인이나 종이나 자유인이나 다 한 성령으로 세례를 받아 한 몸이 되었고 또 다 한 성령을 마시게 하셨느니라. (고전 12:13)

적용이 있는 묵상

현대 교회는 성례, 즉 성찬과 세례가 가볍게 여기는 경향이 있습니다. 만약 그 성경적 의미를 진중하게 올바로 기억하지 않고, 가벼운 자세로 성찬과 세례를 소견에 옳은 대로 시행한다면, 그것이야말로 주님의 이름을 욕되게 하는 무서운 죄일 것입니다. 사실 성찬과 세례 시간은 대단히 영광스럽고 감격스러운 순간입니다. 그리스도의 속죄 사역을 기억하며 온 교회 공동체가 그리스도와의 연합 가운데서 옛 자아에서 새 자아로 거듭남 순간을 기억하며 서로 간에 공적으로 확증하는 시간이기 때문입니다.

예배는
왜 드리는 건가요?

신학이 있는 답변

예배는 피조물인 인간이 창조주 하나님을 인정하고 그에게 경배와 찬양과 찬송을 올려드리는 시간입니다. 예배에 대해 논할 때 가장 중요한 점 두 가지는 '예배의 대상'에 대한 논의이고, 예배 때 빠지지 말아야 할 '요소'에 대한 논의입니다.

첫째, 예배의 대상을 정확히 규정하는 것이 가장 중요합니다. 요새는 실로 다양한 예배를 드립니다. 예를 들면, 졸업 예배, 입학 예배, 장례 예배, 감사 예배, 헌신 예배, 칠순 예배, 신년 예배, 송구영신예배, 돌잔치 예배, 개업 예배 등 헤아리기 어려울 정도로 많은 예배가 있습니다. 이렇게 다양한 예배를 드릴 때 자칫 잘못하면 예배의 대상이 혼동될 여지가 있습니다. 즉 졸업 예배 때는 졸업자들에게 예배가 집중되며, 입학 예배 때는 입학생들에게 예배가 집중됩니다. 돌잔치 예배 때는 돌을 맞은 아이가 예배의 주인공이 됩니다. 하지만 예배의 대상은 예배 받기에 합당한 존귀한 분이어야만 합니다. 그 조건에 합당한 분은 오로지 하나님밖에 없습니다. 그러므로 함부로 모든 행사나 일들에 '예배'라는 단어를 붙이는 행태를 지양해야 합니다. 예배의 대상은 살아서 역사하시는 유일하신 참 하나님밖에 없기 때문입니다.

둘째, 유일한 예배의 대상인 살아계신 하나님께 예배를 드릴 때 포함되어야 할 요소들이 있습니다. 우선 예배의 대상이신 하나님의 영광스러움과 위대하심에 대한 '의식'과 '인정'이 필요합니다. 이러한 의식과 인정은 자연스럽게 하나님을 향한 '경외심'의 고취로 이어집니다. 하나님께서 나를 위해 하신 일에 대한 진지한 묵상은 그에게 '감사'를 올려 드릴 수밖에 는 감정으로 우리를 이끌며, 이 감사는 하나님을 향한 '기쁨'과 '찬양' 가운데 일어나게 됩니다. 하나님의 존재와 사역에 대한 감사와 찬양은 그에게 감사의 '헌신'을 결단하게 만들며, 이는 물질로 드리는 감사로 기쁘게 이어지게 됩니다. 하나님께 드리는 예배는 두렵고 떨림으로 하나님께 '봉사'하고 싶은 마음을 고취시키며 이는 성도의 삶을 인도하는 영적인 원동력의 역할을 감당합니다.

교회에서 정해진 시간에 공적인 예배를 드리는 것은 매우 중요합니다. 그것 못지않게 중요한 것은 바로 삶 속에서 '산 예배'를 전 인격적으로 드리는 것입니다. 일주일에 한 번 교회에 가서 1시간 예배드리는 것만으로는 부족합니다. 참된 예배는 교회 예배당 밖에서 일주일 내내 삶으로 드리는 예배로 세상 속에서 구별된 신자의 삶을 사는 것에서부터 시작됩니다.

깨달음이 있는 성경 구절

- 너는 나 외에는 다른 신들을 네게 두지 말라. (출 20:3)
- 그러므로 형제들아 내가 하나님의 모든 자비하심으로 너희를 권하노니 너희 몸을 하나님이 기뻐하시는 거룩한 산 제물로 드리라 이는 너희가 드릴 영적 예배니라 너희는 이 세대를 본받지 말고 오직 마음을 새롭게 함으로 변화를 받아 하나님의 선하시고 기뻐하시고 온전하신 뜻이 무엇인지 분별하도록 하라. (롬 12:1-2)

적용이 있는 묵상

예배는 해도 되고 안 해도 되는 옵션이 아닙니다. 예배는 창조주 하나님을 의식하고 인정한다면 반드시 하나님께 경외와 감사를 가지고 드려야 하는 신자의 필수 행위입니다. 예배 시간에는 여호와 하나님만 홀로 영광 받으셔야 합니다. 그러므로 종교개혁자들은 예배 시간에 혹시라도 인간이 영광을 취할 수 있는 공간과 여지가 있다면 그것들을 의도적으로 제거하길 원했습니다. 모든 예배자는 늘 이것을 고민해야 합니다. 과연 이 예배를 통해 하나님 홀로 영광을 받고 계신지, 아니면 다른 누군가가 그 영광을 갈취하고 있지는 않은지에 늘 진지하게 고민해야 합니다.

7장

|

종말이 궁금해요

사람이 죽으면 어디로 가나요?

한국을 포함한 동양 문화권에는 '제사' 문화가 있습니다. 죽은 조상의 기일에 맞춰 일가친척들이 함께 모여 고인께서 생전에 좋아하셨던 음식들을 차려 놓고 죽은 조상에게 절을 하는 것입니다. 그때 죽은 조상의 영혼이 오셔서 그 음식을 드시고 가신다는 개념이 제사 문화 면면에 서려 있습니다.

하지만 제사 문화는 성경의 가르침과 거리가 있는 문화입니다. 성경은 사람의 죽음을 영혼과 육체의 분리로 가르칩니다(요 19:30; 시 146:4; 창 35:18; 왕상 17:21). 사람이 죽게 되면 영혼이 육체로부터 분리되는데, 이 분리된 영혼은 '즉각적으로' 천국 혹은 지옥으로 가게 됩니다. 여기서 '즉각적으로'라는 표현이 중요한데 그 이유는 죽은 후 영혼이 구천을 떠돈다거나, 이생에서 살아 있는 자들과 함께 여전히 거한다거나, 자손들이 제사를 지낼 때마다 제사 음식을 먹으로 온다거나 하는 개념들을 명시적으로 거부하는 표현이기 때문입니다.

사람이 죽은 후 영혼이 몸으로부터 분리되면 그 영혼이 가는 곳은 단 두 곳밖에 없다는 것이 성경의 가르침입니다. 먼저 의인의 영혼은 죽은 후 완전히 거룩해져서 영혼을 주신 아버지 하나님께로 가게 되고 재림의 때까지 몸의 완전한 구속을 기다리게 됩니다. 하지만 악인의 영혼은 죽은 후 지옥에 들어가 어둠의 고통 속에 머물게 되며 마지막 대심판 때까지 그곳에 거하게 됩니다.

웨스트민스터 신앙고백서 32장은 '사람의 죽은 후 상태와 죽은 자들의 부활에 관하여'라는 제목을 가진 종말에 대한 장인데, 32장 1절 마지막 구절에서 다음과 같이 말하고 있습니다. "몸들과 분리된 영혼들을 위해 이 두 장소 외에[즉 천국과 지옥 외에] 성경은 다른 그 어떤 곳도 인정하지 않는다."

그 누구도 종말에 대해 완전히 경험한 사람이 없기 때문에 종말론에 대한 의견은 교회 역사 가운데서 늘 분분했습니다. 하지만 우리에게는 정확 무오한 기준점이 하나 있습니다. 그것이 바로 성경입니다. 다른 신학 각론들도 그렇지만 특히 종말론을 다룰 때는 성경이 말하고자 하는 바가 무엇인지 정확히 이해하고 해석하는 것이 가장 중요합니다.

- 그뿐 아니라 또한 우리 곧 성령의 처음 익은 열매를 받은 우리 까지도 속으로 탄식하여 양자 될 것 곧 우리 몸의 속량을 기다리느니라. (롬 8:23)

- 우리가 담대하여 원하는 바는 차라리 몸을 떠나 주와 함께 있는 그것이라 그런즉 우리는 몸으로 있든지 떠나든지 주를 기쁘시게 하는 자가 되기를 힘쓰노라. (고후 5:8-9)

요새 드라마나 영화를 보면 전생(前生) 개념이 주요 모티브를 차지합니다. 시간 여행자 개념 역시 유행하는 모티브 중 하나입니다. 과거에는 다른 모습으로 살았는데 현생에서는 또 다른 모습으로 환생한다거나, 시대를 왔다 갔다 하며 시간을 여행하는 모습은 분명 흥미로운 드라마 영화 소재입니다. 하지만 과연 그것이 성경적인가는 또 다른 문제입니다. 성경은 사람의 죽은 후 영혼이 몸으로부터 분리되어 즉각적으로 천국과 지옥으로 가서 마지막 날까지(즉 예수 그리스도의 재림 때까지) 그곳에서 거한다고 말하고 있습니다. 부자와 나사로 비유에 나타난 대로 천국과 지옥 사이, 현생과 이생 사이는 서로 왔다 갔다 할 수 있는 곳이 아니라고 성경은 분명하게 가르치고 있습니다(눅 16:19-31). 그러므로 신자들은 종말에 대한 세속적 가치관을 무분별하게 수용해서는 안 됩니다. 성경이 가는 곳까지만 가고 성경이 멈추면 그곳에서 멈추는 자세가 반드시 필요합니다.

죽은 후 인간의 영혼은
어떻게 되나요?

죽은 후 인간의 영혼이 어떻게 되는가에 대해서는 교회 역사 속에서 다양한 의견이 충돌했습니다. 크게 네 가지 정도로 압축해 설명할 수 있습니다.

첫째, '영혼 멸절설'입니다. 영혼 멸절설은 단어 표현 그대로 사람이 죽은 후 영혼 또한 완전히 없어진다는 관점입니다. 특히 영혼 멸절설은 조건적 멸절과 관계가 있는데 조건적 멸절이란 의인의 영혼은 멸절하지 않지만 악인의 영혼은 멸절한다는 개념입니다.

둘째, '영혼 수면설'입니다. 영혼 수면설은 죽은 후 사람의 영혼이 수면 상태로 들어간다는 관점입니다. 영혼 수면설에 따르면 의식이 없는 수면 상태에 빠진 영혼은 예수 그리스도께서 재림하실 때 다시 잠에서 깨어 의식을 회복합니다.

셋째, '영혼 윤회설'입니다. 영혼 윤회설이란 고대 헬라 철학,

불교, 각종 신비주의, 영지주의 등이 주장하는 것으로 죽은 후 영혼이 다시 환생하여 윤회한다고 보는 관점입니다. 영혼이 환생하여 이 시대 저 시대를 거쳐 돌고 돌기 때문에 윤회라는 표현을 사용합니다.

넷째, '영혼 불멸설'입니다. 영혼 불멸설은 영혼이 일단 한 번 창조되면 그 창조된 영혼의 존재는 사람의 죽음 이후에도 없어지지 않고 영원토록 존재한다는 관점입니다. 영혼 불멸설은 기본적으로 영혼 멸절설과 영혼 수면설을 반대합니다. 왜냐하면 영혼 불멸설은 영혼 존재의 파괴를 인정하지 않을 뿐만 아니라 무의식 상태로 수면 상태로 들어간다는 관점 또한 반대하기 때문입니다. 오히려 영혼 불멸설은 죽은 후에도 의식 있는 상태에서의 깨어 있는 영혼의 상태를 인정합니다.

성경은 이 네 가지 관점들 중에서 마지막 관점인 영혼 불멸설을 지지합니다. 사람들의 몸들은 죽은 후 흙으로 돌아가 썩지만 (창 3:19), 죽지도 않고 잠자지도 않는 그들의 영혼들은 불멸적 본질을 가져서 그것들을 주신 하나님께로 즉시 돌아간다는 것이 성경의 가르침입니다(눅 23:43).

- 예수께서 이르시되 나는 부활이요 생명이니 나를 믿는 자는 죽어도 살겠고 무릇 살아서 나를 믿는 자는 영원히 죽지 아니하리니 이것을 네가 믿느냐. (요 11:25-26)
- 몸은 죽여도 영혼은 능히 죽이지 못하는 자들을 두려워하지 말고 오직 몸과 영혼을 능히 지옥에 멸하실 수 있는 이를 두려워하라. (마 10:28)
- 내가 알기에는 나의 대속자가 살아계시니 마침내 그가 땅 위에 서실 것이라 내 가죽이 벗김을 당한 뒤에도 내가 육체 밖에서 하나님을 보리라. (욥 19:25-26)

적용이 있는 묵상

만약 사람이 죽은 후 영혼이 완전히 멸절되어 버린다면 사실 우리는 이 땅에서 영혼의 잘됨을 위해 노력할 필요가 없을 것입니다. 하지만 만약 영혼이 불멸하다면 우리는 그 영혼의 잘됨을 위해 최선의 노력을 기울여야 합니다. 왜냐하면 현재 우리 영혼의 영적인 상태에 따라 우리의 최종 목적지는 달라질 것이기 때문입니다. 이 땅에서는 많아야 100년 정도밖에 살지 못합니다. 하지만 죽은 이후의 삶은 '영원'한 삶입니다. 현재 우리의 영혼의 상태는 이 땅에서 끝나지 않습니다. 현재 우리의 영혼의 상태는 죽음 이후에도 의식이 있는 상태로 영원토록 존재하게 될 것입니다. 그렇다면 과연 우리의 영적인 투자는 어디를 향해 있어야 할까요? 우리는 이 땅에서 우리 영혼의 잘됨에 모든 투자를 아낌없이 해야 할 것입니다.

마지막 날에
어떻게 변화되나요?

신학이 있는 답변

신학에서 '마지막 날'은 주 예수 그리스도께서 다시 오시는 날, 즉 재림의 날을 뜻합니다. 재림의 날 때 모든 사람은 다 변화될 것입니다. 크게 두 가지 관점에서 마지막 날의 변화에 대해 살펴볼 수 있습니다.

첫째, 예수 그리스도께서 재림하실 때까지 죽지 않고 살아 있을 사람들은 산 채로 홀연히 변화될 것입니다. 즉 '부활체'를 입게 될 것입니다. 부활체의 특징은 썩지도 죽지도 않을 몸이라는 것이 성경의 가르침입니다(고전 15:54).

둘째, 예수 그리스도께서 재림하시기 전에 죽었던 사람들은 죽기 전에 가졌던 본래의 몸을 가지고 일으킴을 당할 것입니다. 그들 또한 부활체를 입게 되는데 이 부활체 역시 영원토록 썩지 않을 영광스러운 신령한 몸이 될 것입니다(고전 15:43).

그 누구도 재림의 때를 직접적으로 경험해 본 사람이 없기 때문에 과연 부활체가 어떤 몸일지에 대해서는 누구도 정확히 알수 없습니다. 그러나 부활의 첫 열매되신 예수 그리스도의 부활체를 통해서 우리의 부활체의 모습을 가늠해 볼 수는 있습니다. 예수 그리스도의 부활체는 죽기 전의 모습과 완전히 다른 모습이 아니었습니다. 왜냐하면 제자들뿐만 아니라 일반 사람들도 예수님의 부활체를 보고 예수님인줄 알아봤기 때문입니다(참조. 요 20:19-29). 그럼에도 불구하고 예수님의 부활체는 이전과는 다른 느낌도 있었던 것 같습니다. 왜냐하면 예수님의 부활체를 보고도 단번에 못 알아본 사람들이 있었기 때문입니다(참조. 요 20:11-18) 그러므로 이전 몸과 부활체 사이에는 일련의 연속성과 비연속성이 있다고 보는 것이 옳습니다. 분명한 것은 우리의 부활체는 더이상 죽지 않을 몸이고 썩지 않을 몸일 뿐만 아니라 신령하고도 영적인 몸이란 사실입니다.

죄 때문에 왜곡되어 고통받는 우리의 유한한 몸이 주 예수 그리스도의 재림 때 드디어 완전히 회복되어 복된 영화를 경험하게 될 것입니다. 그때 비로소 예수 그리스도의 부활체와 우리의 부활체가 완전한 모습으로 함께 연합하여 참되고 복된 영적 공동체를 경험하게 될 것입니다!

- 보라 내가 너희에게 비밀을 말하노니 우리가 다 잠 잘 것이 아니요 마지막 나팔에 순식간에 홀연히 다 변화되리니 나팔 소리가 나매 죽은 자들이 썩지 아니할 것으로 다시 살아나고 우리도 변화되리라 이 썩을 것이 반드시 썩지 아니할 것을 입겠고 이 죽을 것이 죽지 아니함을 입으리로다 이 썩을 것이 썩지 아니함을 입고 이 죽을 것이 죽지 아니함을 입을 때에는 사망을 삼키고 이기리라고 기록된 말씀이 이루어지리라. (고전 15:51-54)

- 죽은 자의 부활도 그와 같으니 썩을 것으로 심고 썩지 아니할 것으로 다시 살아나며 욕된 것으로 심고 영광스러운 것으로 다시 살아나며 약한 것으로 심고 강한 것으로 다시 살아나며 육의 몸으로 심고 신령한 몸으로 다시 살아나나니 육의 몸이 있은즉 또 영의 몸도 있느니라. (고전 15:42-44)

적용이 있는 묵상

의인들은 부활을 통해 예수 그리스도와 더불어 영광스러운 상태로 들어가게 될 것이지만, 악인들은 부활을 통해 영원토록 멸망할

치욕을 경험하게 될 것입니다. 그러므로 우리 모두는 반드시 주 예수 그리스도를 믿어 의인으로 칭함 받아 영원 멸망의 자리가 아닌 영원 축복의 자리로 부활체를 입고 들어가야 합니다. 그것이 신자들에게 있어서는 가장 축복된 순간입니다!

마지막 심판 날에
무슨 일이 일어나나요?

신학이 있는 답변

주 예수 그리스도께서 재림하신 후에는 마지막 심판의 시간이 시작될 것입니다. 이 마지막 심판 날은 하나님께서 영원 전부터 작정하신 날인데 이날에 예수 그리스도로 말미암아 의로운 심판이 일어날 것입니다(참조. 행 17:31). 성부 하나님은 성자 예수 그리스도에게 심판의 모든 권세를 일임하셨습니다. 성경은 이에 대해 다음과 같이 가르칩니다. "아버지께서 아무도 심판하지 아니하시고 심판을 다 아들에게 맡기셨으니 이는 모든 사람으로 아버지를 공경하는 것 같이 아들을 공경하게 하려 하심이라 아들을 공경하지 아니하는 자는 그를 보내신 아버지도 공경하지 아니하느니라"(요 5:22-23).

그렇다면 마지막 심판 날에 누가 심판을 받을까요? 크게 두 부류로 나누어 생각해 볼 수 있습니다.

첫째는 눈에 보이지 않는 비가시적 영적 존재들이 심판을 받게 될 것입니다. 즉 변절한 천사들인 사탄 마귀가 최종 심판을 받게 될 것입니다(참조. 고전 6:3; 유 1:6; 벧후 2:4).

둘째는 이 땅 위에 살았던 모든 사람이 예수 그리스도의 심판대 앞에 서게 될 것입니다. '모든 사람들'이라는 표현이 뜻하는 바는 예수 그리스도를 믿지 않았던 불신자들뿐만 아니라 그리스도를 믿었던 의인들까지 다 포함하는 범위를 지닙니다. 물론 신자들도 심판대 앞에 서지만 영원 형벌 심판을 받기 위해 그 자리에 서는 것은 아닙니다. 왜냐하면 예수 안에 있는 자에게는 결코 정죄함이 없기 때문입니다. 오히려 신자들이 심판대 앞에 서는 이유는 그리스도의 공로에 힘입어 영생 복락 축복의 은혜를 누리기 위함입니다. 이와 반대로 악인들이 심판대 앞에 서는 이유는 영원 형벌을 받기 위함입니다. 의인이나 악인이나 예수 그리스도의 마지막 심판대 앞에서 선악간 그 몸으로 행했던 것들에 따라 보응을 받게 될 것입니다.

마지막 심판 날에는 희비가 극명하게 엇갈리게 될 것입니다. 그 이유는 그날이 의인들에게는 가장 복되고 영광스러운 순간이 될 것이고, 악인들에게는 가장 슬프고 고통스러운 순간이 될 것이기 때문입니다. 영원 복락과 영원 형벌은 실로 거대하고도 영원한 질적 차이를 가집니다. 그러므로 마지막 심판 날에 그리스도 안에서 웃는 자가 되어야 합니다. 이것이야말로 예수 안에서 신자들이 가져야 할 평생의 소망이요 자랑입니다.

깨달음이 있는 성경 구절

- 이는 정하신 사람으로 하여금 천하를 공의로 심판할 날을 작정하시고 이에 그를 죽은 자 가운데서 다시 살리신 것으로 모든 사람에게 믿을 만한 증거를 주셨음이니라 하니라. (행 17:31)
- 이는 우리가 다 반드시 그리스도의 심판대 앞에 나타나게 되어 각각 선악간에 그 몸으로 행한 것을 따라 받으려 함이라. (고후 5:10)
- 곧 나의 복음에 이른 바와 같이 하나님이 예수 그리스도로 말미암아 사람들의 은밀한 것을 심판하시는 그 날이라. (롬 2:16)

적용이 있는 묵상

신자들은 '죽음'을 두려워해서는 안 됩니다. 신자들에게 있어 죽음은 영광스러움을 경험하는 순간이 될 것이기 때문입니다. 신자들은 주님의 '재림'을 두려워해서도 안 됩니다. 악인들에게 있어서 주님의 재림 시간은 대단히 무섭고 고통스러운 순간이 될 것입니다. 하지만 신자들에게 있어 주님의 재림은 참으로 복되고 영광스러운 순간이 될 것입니다. 그러므로 신자들은 늘 마라나타 신앙, 즉 '주여 어서 오시옵소서' 신앙을 가져야 합니다. 그것이 옳습니다.

왜 사랑의 하나님이
심판을 하시나요?

많은 사람이 하나님께서 '사랑의 하나님'이 되시기만 바랍니다. 사랑의 하나님, 화평의 하나님, 평강의 하나님, 배려의 하나님, 자비의 하나님만이 나의 하나님이 되길 원합니다. 하지만 그것은 하나님의 속성에 대한 반쪽 이해요 자의적으로 원하는 것만을 보고자 하는 편협한 시각입니다.

하나님은 사랑의 하나님이기도 하지만 동시에 '공의'의 하나님이기도 합니다. 만약 하나님께서 죄를 향해 어떠한 조치나 반응을 보이지 않으신다면 그런 하나님은 공의로운 하나님이 될 수 없습니다. 하나님은 무한하게 거룩하신 분이기 때문에 본성상 죄와는 함께하기 불가능한 분입니다. 하나님은 죄를 향해서는 무한한 공의를 드러내셔야 합니다. 죄는 앞에서 살펴보았듯이 하나님의 법을 어기는 '불법'이기 때문입니다.

어떤 사람들은 왜 사랑의 하나님이 지옥을 허락하시는지 못마땅해 합니다. 어떤 사람들은 사랑과 자비의 하나님이 왜 마지막 심판 날을 만드셔서 사람들을 영원한 멸망에 빠뜨리는지 못마땅해 합니다. 하지만 만약 하나님께서 불의한 자들까지도 천국에 들이신다면, 혹은 악인들에게까지 영원 복락의 축복을 누리게 하신다면 그것이야말로 하나님의 본성 내의 일관성이 깨지는 순간이 되고 말 것입니다.

'2장 하나님이 궁금해요'에서 이미 살펴보았듯이 이 세상에서 벌어지는 모든 일은 전부 다 하나님의 '작정' 아래 있습니다. 하나님께서 작정하신 모든 일의 궁극적인 존재 이유와 목적은 '하나님께서 홀로 영광을 받으시기 위함'입니다. 만약 하나님께서 마지막 심판과 지옥, 영원 형벌을 작정하셨다면, 그 모든 것을 통해서 하나님께서 홀로 영광 받으실 것입니다. 어떻게 그것이 가능한지 우리 같은 유한한 인간들을 그 뜻을 온전히 헤아리기 힘듭니다. 하지만 지옥과 심판과 영원 형벌을 통해 하나님의 공의로우심이 만족된다면, 그것 자체로 하나님께서는 무한하게 영광을 받게 되실 것이라는 사실을 우리는 가늠해 볼 수 있습니다.

하나님의 본질과 속성이 왜곡 없이, 가감 없이 그대로 발현되고 투영되는 순간이 가장 복되고 영광스러운 순간입니다. 마지막 심판 날이 바로 그런 날이 될 것입니다!

깨달음이 있는 성경 구절

- 다만 네 고집과 회개하지 아니한 마음을 따라 진노의 날 곧 하나님의 의로우신 심판이 나타나는 그 날에 임할 진노를 네게 쌓는도다 하나님께서 각 사람에게 그 행한 대로 보응하시되. (롬 2:5-6)
- 환난을 받는 너희에게는 우리와 함께 안식으로 갚으시는 것이 하나님의 공의시니 주 예수께서 자기의 능력의 천사들과 함께 하늘로부터 불꽃 가운데에 나타나실 때에 하나님을 모르는 자들과 우리 주 예수의 복음에 복종하지 않는 자들에게 형벌을 내리시리니 이런 자들은 주의 얼굴과 그의 힘의 영광을 떠나 영원한 멸망의 형벌을 받으리로다. (살후 1:7-9)

적용이 있는 묵상

하나님의 사랑과 공의는 동전의 양면과도 같습니다. 하나님은 무한한 분이시기 때문에 사랑을 하셔도 무한하게 하시고, 죄를 향해 분노를 표하실 때도 무한대의 공의를 내뿜으시는 분입니다. 그러므로 우리는 반드시 하나님의 사랑이 무한대로 발현되는 대상의 자리에 서야 합니다. 만약 하나님의 공의가 무한대로 발현되는 대상이 된다면 그것만큼 끔찍하고 고통스러운 일은 없을 것이기 때문입니다.

새 하늘과 새 땅은
어떻게 생겼나요?

신학이 있는 답변

주 예수 그리스도의 재림 이후 온 피조 세계는 참된 회복과 갱신을 경험하게 될 것입니다. 성경은 이를 '새 하늘과 새 땅'이란 단어로 표현합니다(계 21:1). 신자들은 새 하늘과 새 땅에서 부활체를 입고 주님과 더불어 영원토록 지복지락을 누리며 살게 될 것입니다.

과연 새 하늘과 새 땅의 본질이 무엇인가에 대해서는 교회 역사 속에서 수많은 논쟁이 있었습니다. 이는 크게 두 가지의 관점으로 압축해 설명 가능합니다.

첫째, 멸절론 혹은 절멸론적 시각이 있습니다. 이는 옛 하늘과 옛 땅이 완전히 파괴되고, 이전과는 질적으로 완전히 다른 새 하늘과 새 땅이 완성된다고 보는 관점입니다. 멸절론은 베드로후서 3장에 집중합니다. 베드로후서 3장 10절에 보면 "하늘이 큰 소리로 떠나가고 물질이 뜨거운 불에 풀어지고"라는 표현이 나옵니다. 또한 12절에 보면 "하늘이 불에 타서 풀어지고 물질이 뜨거운 불에 녹아지려니와"라는 표현도 나옵니다. 밧모섬에서 환상을 본 요한도 요한계시록 20장 11절에 "땅과 하늘이 그 앞에서 피하여 간 데 없더라"라고 기록했습니다. 이러한 성경 구절에 근거해 멸절론을 주장하는 사람들은 이전 땅이 불에 녹아지고 불에 타서 아예 온데간데없어질 것으로 이해하는 것입니다.

둘째, 회복론 혹은 갱신론적 시각이 있습니다. 이는 옛 하늘과 옛 땅이 완전히 파괴된다기보다는 죄로 인해 왜곡되었던 것들이 온전히 완성되어 최종적으로 회복 혹은 갱신된다고 보는 입장입니다. 멸절론이 이전 것과 새 것 사이의 불연속성에 집중한다면, 회복론은 이전 것과 새 것 사이의 연속성을 말하며 회복과 갱신에 방점을 찍는 것입니다. 회복론 역시 성경을 근거로 주장합니다. 사도행전 3장 21절에 나타난 바와 같이 "만물을 회복"한다는 표현에 집중하며, 요한계시록 21장 5절의 "만물을 새롭게 한다"라는 관점에 방점을 찍는 것입니다.

성경 전반을 통해 살펴볼 때 새 하늘과 새 땅의 궁극적 본질은 죄로 인해 파괴되고 왜곡된 것들의 총체적 '회복' 및 '갱신'의 의미가 더 강하다고 생각됩니다. 새 하늘과 새 땅은 더 이상 죄가 없는 곳이기 때문에 온전히 완성된 형태의 모든 것을 경험할 수 있는 복된 장소가 될 것입니다. 사실 그보다 더 복된 순간은 그곳에서 하나님의 본성과 대면하며 영원토록 그와 함께 즐거워할 수 있다는 사실입니다. 새 하늘과 새 땅의 정확한 모습과 형태에 대해서 현재로서는 정확히 알 수 없지만, 그럼에도 불구하고 그곳이 참으로 복되고 영광스러운 곳일 것이라는 사실만은 성경에 비추어 분명합니다!

깨달음이 있는 성경 구절

- 보좌에 앉으신 이가 이르시되 보라 내가 만물을 새롭게 하노라 하시고 또 이르시되 이 말은 신실하고 참되니 기록하라 하시고. (계 21:5)
- 하나님이 영원 전부터 거룩한 선지자들의 입을 통하여 말씀하신 바 만물을 회복하실 때까지는 하늘이 마땅히 그를 받아 두리라. (행 3:21)

적용이 있는 묵상

새 하늘과 새 땅을 너무 물질적인 장소로, 혹은 물질과는 아무런

상관없는 너무나도 신령하고 영적인 상태로만 이해해서도 안 됩니다. 분명한 것은 새 하늘과 새 땅은 부활체를 입고 살아가게 될 곳이라는 점입니다. 그러므로 분명히 장소적 개념과 물질적 개념이 포함되는 곳일 것입니다. 그럼에도 불구하고 그곳이 본질상 신령하고 영적인 곳인 이유는 그곳은 죄가 전무한 완전히 회복되고 완성된 곳이기 때문입니다.

천국 상급이
있나요?

신학이 있는 답변

한때 천국 상급을 물질주의적으로 이해하여 천국에서 상급이 가장 큰 사람은 '금 면류관'을 쓰고 다니고, 그보다 상급이 낮은 사람은 '은 면류관,' 그다음은 '동 면류관,' 가장 상급이 낮은 사람은 '개털 모자'를 쓰고 다닐 것이라는 예화가 설교 강단에서 유행한 적이 있었습니다. 혹은 천당을 부동산 구조 속에서 이해하여 상급이 가장 큰 사람은 하나님 바로 옆 자기 집에 살며, 그보다 낮으면 천당 밑 분당에 전세, 그보다 낮으면 천국 변두리에서 월세로 산다는 예화도 많이 해왔던 예화였습니다.

분명 천국 상급은 있습니다. 그것이 성경의 가르침입니다. 하지만 천국에서의 상급은 절대로 물질주의적으로 혹은 부동산적으로 이해해서는 안 됩니다. 왜냐하면 성경은 천국에서의 상급을 '영광의 차이'로 이해하기 때문입니다. 고린도전서 15장 40-41절은 다음과 같은 가르침을 줍니다. "하늘에 속한 형체도 있고 땅에 속한 형체도 있으나 하늘에 속한 것의 영광이 따로 있고 땅에 속한 것의 영광이 따로 있으니 해의 영광이 다르고 달의 영광이 다르며 별의 영광도 다른데 별과 별의 영광이 다르도다." 물론 신자의 구원은 모든 사람에게 동일합니다. 하지만 새 하늘과 새 땅에서의 빛남과 영광은 서로 차이가 있을 것입니다. 마태복음에서도 비교급이 많이 등장하는데 "여러 배를 더 받는다"라는 표현이라든지(마 10:29) 혹은 "하늘에서 너희의 상이 크다"라는 표현 등이 그 예입니다(마 5:12).

천국에서의 상급을 이해할 때 반드시 기억해야 할 사실은 새 하늘과 새 땅에서는 죄가 없으므로 상급의 차이로 인해 어떠한 형태의 질투나 반목이 생길 수 없다는 사실입니다. 게다가 천국에서의 상급은 자기 자신의 선행의 공로로 인한 것이 아니라 예수 그리스도의 영광스러움 안에 있는 하나님의 주권적 은혜와 공로로 말미암는 것이기 때문에, 천국에서의 상급의 차이는 서로 질투심을 불러일으키는 것이 아니라 더욱 더 하나님의 은혜를 함께 찬양하는 귀한 수단으로 쓰임 받게 됩니다.

만약 천국에서 자신보다 다른 사람이 더 큰 상급을 받는다면 그로 인해 복된 천국 공동체가 함께 기뻐하며 모든 사람과 더불어 하나님의 은혜에 감사 감격하는 순간이 될 것입니다. 새 하늘과 새 땅에서는 언제나 복된 기쁨과 감사와 감격만 넘쳐나기 때문입니다.

- 또 내 이름을 위하여 집이나 형제나 자매나 부모나 자식이나 전토를 버린 자마다 여러 배를 받고 또 영생을 상속하리라. (마 19:29)

- 나로 말미암아 너희를 욕하고 박해하고 거짓으로 너희를 거슬러 모든 악한 말을 할 때에는 너희에게 복이 있나니 기뻐하고 즐거워하라 하늘에서 너희의 상이 큼이라 너희 전에 있던 선지자들도 이같이 박해하였느니라. (마 5:11-12)

적용이 있는 묵상

구원을 받는 것도 하나님의 은혜요, 새 하늘과 새 땅에 들어가는 것도 하나님의 은혜요, 천국 상급을 받는 것도 하나님의 은혜입니다. 그러므로 그 어떤 것에도 우리의 '공로'는 없습니다. 결국 신자들 안에는 이론적으로 어떠한 '교만'도 싹틀 수 있는 공간이 없습니다. 그럼에도 불구하고 인간의 연약함으로 늘 교만함이 고개를 치켜듭니다. 교만은 패망의 선봉입니다. 구원, 새 하늘과 새 땅, 천국 상급 등의 주제를 논의하면 할수록 '하나님의 은혜'의 한량없으심이 드러나며 그 앞에 겸손히 무릎 꿇을 수밖에 없는 이유가 바로 여기에 있습니다.

MEMO

MEMO

MEMO

MEMO

MEMO